하얀 낙타

김정화 수필집

하얀 낙타

인 쇄 / 2013년 11월 11일
발 행 / 2013년 11월 15일

지은이 / 김 정 화
발행인 / 서 정 환
발행처 / 수필과비평사

출판등록 / 제465-1984-000004호
주 소 / 서울시 종로구 삼일대로 32길 36
         (익선동 30-6 운현신화타워 빌딩) 301호
전 화 / (02) 3675-5633, (063) 275-4000
팩 스 / (063) 274-3131
E-mail / essay321@hanmail.net

값 13,000원

ISBN 979-11-5605-024-7   03810

이 도서의 국립중앙도서관 출판시도서목록(CIP)은 서지정보유통지
원시스템 홈페이지(http://seoji.nl.go.kr)와 국가자료공동목록시
스템(http://www.nl.go.kr/kolisnet)에서 이용하실 수 있습니다.
(CIP제어번호: CIP2013023712)

※ 저자와 협의, 인지는 생략합니다.
※ 잘못된 책은 바꿔 드립니다.

※ 이 책은 2013년 부산문화재단 지역문화예술육성지원
   사업의 일부지원금을 받아 발간되었습니다.

하얀 낙타

김정화 수필집

수필과비평사

■ 책문을 열며

몽골 사막 길에서
홀로 걷는 흰 낙타의 삶을 만났다.

하얀 낙타는 황야에서 평생 혼자 살아간다.
온몸으로 고독을 받아들이는
그 몸짓을 지켜보면서
예술가의 족적을 생각했다.

글의 길도 순탄치 않다.
광야의 눈비를 견뎌내는 흰 낙타처럼
모래바람이 얼굴을 때리고
혹한의 어둠에 휩쓸릴지라도
중심을 잃지 않으려 한다.

수필이 있어 덜 외로웠다.
말로 쏟아내지 못하는 삶을
글로 풀어낼 수 있어서 다행이다.
부족한 심성을 묵묵히 받아준 수필이 고맙다.
더 이상 흔들리지 않겠다.

작품평으로 서등書燈을 밝혀주신
평론가님들께 감사를 드리며
'하얀 낙타'의 길을 묵묵히 따르겠다.

무엇보다
'스물셋, 너에게' 사랑의 말을 전한다.

  − 2013년에도 가을물이 흐른다.

■ 차례

○ 책문을 열며 • 4

제1부_장미, 타다

13 • 여뀌가 핀 로두스
17 • 엄옥자 여사
22 • 장미, 타다
28 • 어떤 일기
31 • 우랑이 기가 차서
36 • 스물셋, 너에게
40 • 바다의 기억
44 • 노래의 벽癖

제2부_하얀 낙타

51 • 하얀 낙타
56 • 싸이와 사이
60 • 흙, 잠에서 깨다
65 • First food
67 • 끈
73 • 오직, 그리울 뿐
77 • 새에게는 길이 없다

제3부_풍경이 운다

85 • 바다에서 강물을 만나다
90 • 도깨비를 손에 쥐고
94 • 그대, 잘 있는가
97 • 풍경이 운다
101 • 봉분 없는 비
106 • 자유, 그 불멸의 이름
109 • 겨울 소리
114 • 바람의 현絃

제4부_바람을 먹는 돌

- 121 • 바람을 먹는 돌
- 128 • '애일당愛日堂'의 가인佳人
- 139 • 풍경으로 서 있는 대문
- 146 • 블루 시티
- 150 • 붉은 길에 흩어지는 북소리
- 159 • 시대의 디아스포라
- 170 • 해풍海風과 문풍文風의 멋
- 182 • 에스프리의 섬광

제5부_김정화 작품론

195 • 은유와 직유의 이미지 | **김상태**
200 • 수필속의 변신, 변신으로서 수필 | **박양근**
204 • 수필의 은유 구조 | **신재기**
209 • 사물인식 과정의 수필 | **유한근**
213 • 원초적 본능에의 회귀 | **최원현**
218 • 존재의 각성, 일상으로부터의 비상 | **한상렬**

제1부
장미, 타다

여뀌가 핀 로두스 • 엄옥자 여사
장미, 타다 • 어떤 일기 • 우렁이 기가 차서
스물셋, 너에게 • 바다의 기억 • 노래의 벽癖

여뀌가 핀 로두스

내 고향은 경남 김해다. 김수로왕이 가락국의 수도로 정하면서 '여뀌 잎처럼 좁은 땅이지만 길한 곳'이라고 지목한 곳이다. 그래서인지 우리 동네 강변 둑에는 유독 여뀌가 많았다. 분홍색 알갱이를 다닥다닥 엮은 듯한 여뀌꽃은 읍내로 가는 십릿길을 잇고 있었다. 어릴 때 먼지가 날리는 비포장길을 한 시간 동안 걸어 학교에 다녔다. 비가 오는 날이면 차가 퍼붓는 물세례를 사정없이 맞아야 했다. 그래도 여뀌꽃이 핀 흙길이 마음에 들었다. 고향길은 내 글쓰기의 시원이 되었다. 나는 그 길을 따라 조금씩 세상 밖으로 나왔다.

어릴 적 나는 말수가 적고 혼자서도 잘 노는 조용한 아이였다. 도랑가 풀숲에 있는 쏙독새 알을 몰래 가져와 짚불에 구워먹거나, 양볼이 얼얼하도록 개구리 똥구멍을 불며 장난을 쳤다. 이슬 맞아 옴짝 못하는 잠자리를 잡아 빨랫줄에 날개를 집어놓기도 했다. 한번은 아궁이에 무심코 넣었던 헌 고무신 한 짝이 푸드덕 소리 내며 타는 것을 보고 고무신이 살았다고 혼비백산하며 부지깽이를 내던진 기억도 생생하다. 그 추억들은 지금도 나를 낯선 상상의 세계로 데려가곤 한다.

내 문학은 '도망'에서 출발했다. 열 살 무렵, 하굣길에 뒷일이 급하여 재곤이 아재 집 뒷간에 들어갔다. 그런데 한쪽 귀퉁이에 밑닦이로 내놓은 책 몇 권 중 은색 표지의 김소월 시집이 눈에 쏙 들어왔다. 나는 소월이라는 이름보다 그 멋진 양장본이 탐나서 볼일도 멈추고 책을 쥔 채 단걸음에 줄행랑을 쳤다. 뒷간에서 훔쳐온 그 책은 교과서 외에 내가 처음으로 소유한 시집이 되었다. 재곤이 아재는 농사를 지었는데 농부도 시집을 읽는다는 사실에 놀랐다. 깊은 뜻은 알지 못했으나 소월의 시는 무작정 좋았다. 풀따기, 꽃자리, 개여울 같은 시어가 까닭 없이 가슴에 와 닿았다. 시를 한 편씩 외울 때마다 키가 한 뼘씩 커지는 것 같았다. 그 첫 대면이 내 문학의 불씨였음을 그때는 몰랐다.

그즈음 죽음의 직전까지 가게 된 일도 있었다. 둑길에 매어놓은 황소한테 떠받쳐 강물에 빠져 버렸다. 그 사건은 어린 내게 물의 공포뿐만 아니라 삶의 끝이 죽음이라는 인식을 갖게 하였다. 그 내용을 바탕으로 쓴 시 한 편을 여고 시절 때 장난삼아 지방신문에 투고하였는데 덜컥 상단에 실리게 되었다. 다음날 나는 학교에서 유명해졌다. 그때, 글의 위력에 놀라기보다는 당황했다.

내 삶에는 항상 고독이 깔려 있었다. 어린 시절 외딴집 생활은 적막했고, 스무 살 때 맞은 부모의 죽음 이후는 더더욱 스산하고 처량했다. 학업의 끈을 놓치지 않으려 발버둥쳤고 몸을 사리지 않고 일했으며 절망 속에서도 홀로 아이를 키워냈다. 마음의 여유는 없었고 지칠 대로 지쳤다. 생이 아팠다. 아픈 생이었다. 삶 자체를 잊고 싶었다. 그것이 내가 문학에 기대게 된 가장 큰 이유다.

왜 하필 수필의 글밭에 뛰어들었는가. 나는 혼자 노는 데 익숙해져 있었다. 그러다 보니 고요가 좋았다. 나 같은 사람에게 문학은 적격이지만, 나는 소설처럼 긴 마라톤을 할 지구력도 없었고 섬광처럼 파득이는 시 쓰기도 자신 없었다. 무엇보다 마음을 보듬어주는 수필의 매력에 끌렸다. 대책 없이 튈 것 같은 내 방황을 진솔하고 조심스러운 문장이 적당히 조여 줄 것 같았다. 당시 나에게는 삶의 중심을 잡아줄 후림돌 같은 이성이 절실했다.

수필을 쓰면서 차츰 견디어 내었다. 나를, 시간을, 상처를…… 그리고 주변의 모든 것을. 글감을 풀 때는 힘들어도 퇴고할 때는 신이 났다. 수필이 밥을 먹여 주지는 않을지라도 배고픔을 잊게는 해 주었다. 스무 살 때까지 전깃불 없이 살았던 자연 속의 흔적과 실패를 많이 겪은 부끄러운 삶이 문학의 자산이 되었다. 고독의 밑바닥을 치지 않고는 결코 좋은 글을 쓸 수 없다고 한 어느 문인의 말에 위로를 얻기도 하지만, 때로는 내가 글을 쓰는 일이 가당찮은 욕심을 부리는 게 아닌가 고민도 한다.

문학은 안에서 밖으로 나오는 길이기도 하지만 다시 밖에서 나를 찾아 들어가는 뫼비우스 띠라고 생각한다. 맞닥뜨리고 싶지 않은 경우도 있지만 그리운 것도 만난다. 문턱을 저 멀리 두고 주저앉을 때도 많았다. 샛길로 빠지고 길을 돌았으나 번번이 다시 돌아왔다. 그때마다 수필은 제자리에 있었다. 이제 되돌아가는 길도 없고 벗어나지 못한다는 것도 안다. 나는 지금에서야 겨우 글 문턱을 넘어섰다. 그러니 더 이상 엉뚱한 꿈은 꾸지 않겠다. 지금, 여기에서 최선을 다하겠다. 고향 강변을 노래하고 물새들을 만나며 날개 찢긴 이슬잠자리의 이름을 불러주겠다.

니기기 로두스다. 이곳 여귀의 길에서 신명나게 춤추겠다.

엄옥자 여사

 엄옥자 여사는 시골 아지매다. 그녀는 밀양 수산의 하남 골짜기에서 딸기와 수박 농사를 짓는다. 이순을 갓 넘긴 엄 여사는 얼굴빛이 검누르고 주름골이 호두 껍데기처럼 깊게 파여 일흔은 족히 되어 보이지만, 등물 때 드러나는 속살은 아직도 분떡 각시처럼 곱기만 하다. 자신은 초등학교 문턱을 겨우 턱걸이했지만 자식 셋 모두 대학을 졸업시킨 억척 왈순아지매로 동네에서 소문이 나 있다.

 엄 여사와 나는 아주 가깝고도 먼 사이다. 친언니도 아니고 이복 언니도 아니고 그렇다고 남남도 아니다. 누군가에게 설명을 하자면 소설 한 권 분량도 모자라기에 어물쩍어물쩍 넘겨버리고 있다. 어쨌든 그녀와 나는 우연과 또 그전의 인연들이 만나고 섞여서 이루어진 혈연관계임은 틀림없다. 그래서 휴가 일정이 잡히면 나는 만사를 제치고 밀양으로 핸들을 돌린다.

  내가 가면 왈순아지매는 만성 신경통도 관절염도 다 잊고 바빠지기 시작한다. 두렁밭에서 키운 부추를 밀가루에 쓱쓱 문질러 전을 부치고, 봇도랑의 미꾸리를 잡아서 거십 가득 넣고 추어탕을 한솥 끓여낸다. 수산장에서 사 온 국수를 삶아 비빔국수를 말아주는데 맛이 기가 막힌다. 쫄깃한 굵은 면발이 콧등을 치고 매운 태양초가 혀를 얼얼하게 만들지만 고봉으로 담아주는 국수 그릇에 나는 매번 코를 박는다. 하지만 시큰거리는 코를 박는 이유가 어찌 맛 때문이겠는가.

  입담도 어찌나 걸쭉한지 듣고 있으면 허리춤을 잡게 된다. 내가 몇 달간 전화 한 통 내지 않으면 "그 손모가지 뒀다가 장작개비로 쓸 참이냐?"라고 농을 거는 순발력이며 농번기 때 젊은 각시를 뙤약볕으로 내몰고 읍내 다방만 찾는 동네 건달이 지나가면 "에이 호장놈, 용천지랄하네!"라고 냅다 소리친다. 할 말 못할 말 가리시 않고 내용을 비트는 솜씨에 옆에 있던 나는 경기가 날 뻔한 적이 한두 번이 아니다.

  불의에 맞서는 그녀의 용맹은 동네 남정네의 간섭을 불허한다.

그러니 제아무리 모양새가 번드르르한 읍내 남자라도 천둥벌거숭이로 깝죽이며 대들다간 "대가리 불날라, 그만 소리쳐라."는 엄 여사 돌직구 말에 녹아웃되는 수가 생긴다. 그때마다 나는 그녀가 제대로 풍월이나 읊었으면 영월의 김병연 못지않은 '여자 욕쟁이 시인 1호'가 탄생하지 않았을까 짐작해 본다.

 올여름에도 왈순아지매를 찾았다. 이때쯤은 과실 농사가 끝난 여유로운 시기이기도 하겠지만, 나는 엄 여사의 안부보다 텃밭에 심어진 찰강냉이의 밀도와 지난봄에 봐 두었던 복사꽃 열매가 더 궁금했다. 아니 그보다 근간에 내게 닥친 속상한 일들에 대해 위안의 말을 듣고 싶은 이유가 가장 컸는지도 모른다.

 집에는 몇 가지 변화가 있었다. 엄 여사는 가발을 뒤집어쓴 듯한 뽀글이 파마와 간호사 딸이 사 줬다는 꽃무늬 쫄바지 패션으로 나를 반겼다. 마당을 들어서니 언제나 엄 여사 욕설을 묵묵히 받아주는 터줏개 누렁이도 나의 인기척에 무거운 몸을 일으킨다. 수년째 들락거리던 도둑고양이가 새끼를 다섯 마리나 낳았는데 그들은 제 어미 대신 누렁이 젖을 물고 있는 희한한 볼거리도 생겼다. 어미 고양이를 포획하기 위해 엄 여사가 고안했다는 덫은 어설프기 짝이 없었다. 철제 양동이를 엎어놓고 줄을 묶은 나무막대를 받쳐 헛발 짚은 고양이가 저절로 양동이 속에 갇히기를 기다리는 것이었다. 주방 싱크대 위에 써 놓은 뽕짝 신곡 가사 '내 나이가 어때서'

도 재미있지만, 새로 장만한 어른용 네 발 자전거를 타고 비뚤배뚤 논두렁길을 달리는 모습에서 나는 참았던 웃음을 한꺼번에 뿜고 말았다.

이곳에 오면 참으로 마음이 편하다. 민낯에 입던 옷 그대로 들락 날락해도 되고, 밀린 잠을 실컷 자도 눈치 보이지 않는다. 내가 누워 있으면 엄 여사는 내 볼을 만지고 머릿결을 쓰다듬고 발가락 도 주무르면서 한참이나 곁을 지키다 내 손을 잡고 함께 잠이 든 다. 고생하는 엄 여사를 내가 걱정하는 것 곱빼기로 엄 여사는 나 의 삶을 애잔히 여긴다. 우리는 말이 없을 때도 서로의 마음을 다 짚고 있다.

무엇보다 내가 엄 여사를 좋아하는 가장 큰 까닭은 그녀가 무조 건 내 편이란 사실이다. 가끔씩 사는 일이 갑갑해지면 일러바칠 이야기를 다 모아 와서 이곳에 콸콸 쏟아낸다. 나는 삼십 년 전에 돌아가신 친정어머니를 만난 듯 신나게 하소연을 늘어놓고, 엄 여 사는 중간중간마다 "저런, 야마리 빠진 놈", "주리를 틀 세상"이라 고 깨꽈 추임새를 넣어가며 신이야 넋이야 장단을 맞춘다. 억울한 이야기가 나오면 내가 미처 말할 수 없어 묻어둔 사연을 아는 듯 적당한 시점에서 복수의 속사포를 퍼부어준다. 그럴 때면 더부룩 이 고였던 울화통이 속 시원히 터진다.

물론 나도 다 안다. 내가 잘못하는 일도 많다는 것을……. 그러나 살면서 제 편을 갖는다는 것이 오죽 힘든 일인가. 때로는 이 쓸쓸한 세상에 내 편 한 사람쯤 있다는 것이 얼마나 행복한 일인지. 그 위로의 말들이 다시 일상 속으로 돌아가게 하는 힘이 되어 준다는 것을.

  이번에도 엄 여사는 냉장고 속 김치를 통째로 내 차에 실어놓았다.

장미, 타다

　현관문을 들어서는 순간, 바깥세상이 문을 닫는다. 복도를 지날수록 배에 올랐을 때처럼 허공을 딛는 느낌이 차오른다. 형광 불빛에 비친 흰색 벽이 투명하리만큼 정갈한 이곳에서는 육신마저 고요해진다.

　노인요양병원은 도심 속의 섬이다. 그곳에 살고 있는 환자들은 섬 위로 떠밀려온 낡은 배처럼 움직일 줄 모른다. 조는 듯 가물대는 신세가 어쩔 수 없어 차라리 닻을 내리고 송판 하나까지 모두 거두고 싶지만 생각할 기력조차 남아있지 않다. 그들을 지켜보고 있노라면 사는 건 주어진 시간을 송두리째 태우는 것이라는 말이 떠오른다.

 나는 가끔 미완의 생에 멈춘 그를 만나러 간다. 노인요양병원 204호실이 그가 머물고 있는 곳이다. 삼십 대에 뇌출혈로 반신불수가 된 후 이십 년째 병원을 옮겨가며 투병 중인 그는 한때 영민하다는 칭찬을 들었다. 그러나 지능은 어린아이 수준으로 떨어졌고 기억상실과 언어장애까지 겹쳐 "예, 아니오."라는 간단한 대답만 건넬 뿐 시선은 늘 허공을 맴돌고 있는 듯하다. 곁을 지키는 가족들도 이젠 회생의 희망을 지우고 그를 대할 때면 빙긋 웃어줄 정도로 아픔이 무뎌졌다. 기가 막히면 울웃음이 된다는 이야기가 여기서도 예외가 아니다.

 요양보호사가 병실 문을 두드려 환자의 주의를 끈다. 물끄러미 창밖을 내다보던 그가 환하게 얼굴을 편다. 기억의 끈을 애써 잡으려는 표정이 안쓰러워 나도 덩달아 세월의 강을 되올라가곤 한다. 이곳에 올 때면 몇 가지 준비하는 것이 있다. 재래시장에 들러 그가 즐겼던 튀김 통닭과 박하사탕과 노랗게 구운 쌀과자를 산다. 오늘은 어쩌면 하는 가냘픈 희망으로 묵은 사진도 서너 장 챙긴다.

 무엇보다 장미 담배를 빠트릴 수 없다. 장미라는 이름이 천덕꾸러기가 되어버린 것은 담배뿐일 정도로 요즈음의 애연가들은 거들떠보지 않지만, 유달리 노인들이 많은 골목동네인 덕에 우리 집 근처 슈퍼에서는 아직도 이 담배를 판다. 담배 한 보루를 사 들고 돌아올 때면 나도 모르게 옛 노래를 흥얼거린다. "사랑하는 옆 친구들은 모두 사라졌고 이제 남은 게 아무것도 없네."라는 노랫말이다. 여름날 홀로 핀 마지막 장미꽃 한 송이도 그럴 것만 같다.

그날은 울타리마다 장미가 햇볕에 타던 오월이었다. 여덟 살 시골아이였던 나에게는 꽤 조용한 오후였다. 어머니는 시골 장을 보러 나갔고 아버지는 종일 방안에서 글을 읽고 있었다. 집 앞 개울에서는 물소리가 풀렸고 장미는 오후의 나른한 열기를 받으며 선홍빛으로 타올랐다. 땅바닥에 떨어진 장미 꽃잎 몇 조각이 까맣게 말라가고 있었다. 꽃은 피는 게 아니라 탄다는 어쭙잖은 생각을 하면서 울타리 곁에 서성였을 때, 그가 논둑길을 따라 우리 집을 찾아왔다.

우리는 같은 아버지에게서 태어났다. 그러나 어머니는 달랐다. 아버지는 그와 십 년을 살다가 나와 함께 십 년의 곱절 세월을 보냈다. 그는 당연히 민감한 사춘기 시절에 아버지의 자상한 보살핌을 받지 못했다. 배다른 누이동생에게 미움이 있으련만 구포에서 김해까지 갈대밭을 가로지르며 더 어린 나를 찾아 반나절을 걸어왔다. 까매진 얼굴에서는 먼지 낀 땀방울이 흘러내리고 있었다. 그는 아버지에게 인사도 하기 전에 쌀과자 봉지를 말없이 나에게 건넸다. 지금 내가 병실에 가져온 그런 과자였다. 나는 지금처럼 환한 웃음을 머금은 그의 눈동자를 똑바로 바라보지 못하여 장미

덩굴에만 눈길을 주었다.

 그 후 몇 번 더 그의 아버지가 계시는 우리 집을 찾아왔다. 그는 올 때마다 조그만 선물을 건넸지만 기억나는 건 처음 만난 날의 개울물 소리와 장미 향기와 따스한 손길뿐이다. 그래도 갈대의 풋기가 마음을 달뜨게 하는 초여름쯤이면 그의 나직한 발소리를 은근히 기다리곤 했다. 그리고 사십 년 세월이 흘렀다.

 장미 담배 보루의 포장을 벗겨 냈다. 붉은 테두리를 두른 담뱃갑에는 넝쿨을 말아 올린 금빛 장미 한 송이가 박혀있다. '장미'라는 선명한 상표보다 영어로 쓰인 '달콤한 초콜릿'의 어감이 매번 가슴을 쓰리게 한다. 달콤하게 태우라는 것인지, 태우면 달콤하다는 뜻인지 모르지만 자극적인 문구가 은근히 호기심을 불러일으킨다.

 그가 장미 담배 한 개비를 입에 물었다. 가지런한 잇몸 사이에서 흰 연기가 뿜어 나올 때마다 손가락이 가냘프게 떨렸다. 빨갛게 타들어가는 장미를 지켜보면서 인생은 저렇게 태워야 하는 것이라는 생각이 들었다. 그러나 무엇이든 다 탈 수가 없다. 인생도 나무도 끝까지 타지 못하는 경우가 많다. 그것이 생명체의 꿈이고 숨타는 희열이라면 남은 삶은 아쉽기 마련이 아닌가. 잉걸불이 되지 못한 채 꺼져버린 장작 같은 낡은 몸일지라도, 훌훌 태우고 싶은 본능을 잊지 못하는지 여전히 장미 담배를 붙들고 있다.

 쉰을 훨씬 넘긴 그를 지켜보는 동안 예순을 가까스로 넘겼던 또

다른 쇠락한 얼굴이 겹쳐진다. 담뱃대를 손에서 놓지 않던 아버지의 모습이다. 아버지도 궐련을 즐겼으니 장미 담배를 분명히 찾았을 것이다. 갑자기 앞이 흐려진다. 병실을 채우는 담배 연기 때문인지, 아니면 아버지를 닮은 그의 눈빛 탓인지 알 수 없다.

그가 담배를 곁에 두는 이유는 장미라는 이름 때문이 아닐까. 어쩌면 함께 물끄러미 쳐다보았던 장미 울타리를 기억할는지도 모른다. 그 잔상을 되살릴 수만 있다면 그를 장미 울타리 곁에 나란히 세우고 싶다. 알알한 기분을 떨치려고 옛 사진을 보여 주어도 여전히 고개만 내젓는다. 망각은 언젠가 찾아오는 손님이지만 때 이른 나이에 기억을 잃는다는 것은 자신뿐만 아니라 시간마저 지우는 일이다. 자신이 누구였는지 알지 못할 정도라면 어찌 그 어느 날의 만남을 기억이나 할까. 장미가 탄 흰 재가 간들거리는 순간, 목울대에서 '예전처럼'이라는 말이 솟구쳐 오른다. 이처럼 상그러운 말도 이젠 그와 나 사이에 사라져 버렸다.

병실을 둘러본다. 벽에 붙은 철제침대 곁에는 여행 가방 크기의 사물함이 놓여 있다. 그 속에는 서너 벌의 옷, 컵 한 개, 반쯤 뜯긴 박하사탕 한 봉지, 그리고 피우다 남은 장미 담배 한 갑. 그게 다였다. 떠돌이 선원의 짐처럼 적고 떨어지는 장미 잎만큼 가볍다 못해 휑하다. 소지품을 정리해나가는 내 손이 옛날 과자 봉지를 받았을 때처럼 저릿해진다.

필터만 남은 장미 한 개비를 쥔 그를 바라본다. 처음 만났을 때 환하게 웃음 지어주던 표정은 그대로이건만 사십 년 세월은 흔적도 없이 타버렸다.
　마주한 깊은 동공에서 그날의 내 모습이 흔들리고 있다.

어떤 일기

정물처럼 멈추어 있다. 창으로 들어오는 햇살이 은발에 닿아 반짝였고 굳게 다문 입에서는 숨소리조차 새어 나오지 않는다. 노인의 굽은 등이 거울에 반사되어 낮은 구릉 모양을 하고 있었는데 유난히 내리막길이 길어 보인다. 구석에서 먼지를 간뜩 이고 있는 낡은 분첩과는 달리 푸른 댓잎 그림의 요강 단지가 방바닥 가운데에 모셔졌다. 나의 첫인사에 표정없는 눈동자가 잠깐 흔들리는 듯했다.

이곳 9평 임대아파트에는 치매에 걸린 아흔 살 할머니가 혼자 살고 있다. 매일 세 시간씩 돌봐주는 요양보호사 외에 방문자가 없다. 나는 지난해부터 재가환자의 자서전을 써 주고 있는데 이 노인처럼 관청에서 지정해 주는 경우도 더러 있다. 그들은 신산했던 삶을 풀어놓으면서 회한의 한숨을 짓거나 압축된 생을 돌아보며 그리움의 눈물을 쏟기도 한다.

대책이 없다. 몇 가지 질문을 던져도 노인은 조용하다. 치매 노인에게 무슨 자서전이 필요하단 말인가. 곁의 요양보호사는 노인의 기억이 잠깐씩 돌아온다고 귀띔했다. 기다리는 동안 그는 치매 병동 일화를 들려주었다. 순하게 웃으며 다소곳한 '예쁜 치매'도 있고 알 것 다 알고 대화도 가능한 '멀쩡한 치매'도 있지만 불안정하고 공격적인 '미운 치매'도 많다고 한다. 이 노인의 경우는 상대를 배려하는 마음이 깊고 자존감이 강해서 자신은 '양반 치매'로 추켜 부른다 했다.

우리가 이야기를 나누는 동안에도 노인은 미동이 없다. 제법 시간이 흐르자 나는 서서히 노인의 고요함이 편안해지기 시작했다. 옷걸이에 얹힌 당목 자수 덮개나 소리박물관에나 있을법한 8트랙 테이프가 방 한켠에서 얌전히 자리를 지키는 것처럼, 어쩌면 노인에게 찾아온 치매의 시간은 오히려 삶의 마지막 휴식 기간이 아닐는지.

내가 노인의 젊은 시절을 궁금해하자 요양보호사는 불현듯 생각났는지 서랍 속에서 두툼한 수첩 하나를 꺼내었다. 노인에게 넌지

시 허락을 구하는 눈빛이 선하다. 말리지 않는 것으로 보아 노인도 마음을 여는 듯 보였다.

  책장을 넘겼다. 그런데 세상에……. 노인의 일기장이다. 치매 걸린 90세 할머니가 정신이 들 때마다 써 내려간 기록이다. 걷지 못하고, 혼자서 문조차 열 수 없는 노인이 "슬프다, 나의 人生"이라든지 "조흔 일인가, 나뿐 일인가. 白花가 만발한 五月은 아름답다"라는 가사체 문장의 내리글씨로 빽빽하게 일기를 써 놓았다.

  가슴이 석고마냥 굳어왔다. 치매에 걸린다면 사람들은 제각각 무엇을 할까. 그때 나는 저 노인처럼 글을 쓸 수 있을까……. 창틀 위에 걸린 액자 사진 속에서 단발머리 소녀가 해사하게 웃고 있다.

  "전주에서 여고를 댕겼소."

  말문을 연 노인의 카랑한 음성이 귓전을 때린다.

우랑이 기가 차서

등장춤에 신이 났다. 어깨에 걸멘 망태기가 패랭이와 함께 출렁이며 상쇠 가락을 탄다. 때맞춰 나타난 황소 한 마리가 널찍한 오금을 실룩거리며 무대를 휘젓는데, 멍석을 덮어쓴 채 뒤뚱거리며 춤추는 두 뒷다리 사이로 왕방울 하나가 덜렁거린다. 호방하게 흔들리는 우랑이 옥죄인 코뚜레와는 사뭇 대조적이다. 하회마을 별신굿탈놀이 공연장의 백정마당이 눈길을 사로잡는다.

 백정이 누구인가. 천민 중의 하층민이지만 이 무대에서만큼은 최고의 주인공이다. 걸쭉한 입담으로 관객들을 쥐락펴락하고 집채만 한 황소의 심기도 툭툭 건드려 화를 돋운다. 물론 맞서는 황소의 기운도 만만찮다. 싸움소마냥 단번에 백정을 받아버리며 판세를 뒤집는다. 덜렁 나자빠진 백정이 팔을 걷어붙이고 숨을 고른 뒤 시퍼런 도끼날을 번쩍 드니 놀란 황소는 땅바닥에 흥건히 오줌을 싸며 줄행랑치기 바쁘다. 멍석 안에서 연방 쏘아대는 물총 세례에 관중석은 배꼽을 움켜잡는다. 백정이 휘두르는 세 번의 타격에 황소의 육중한 몸집은 중심을 잃고 쓰러졌다. 백정은 죽은 소에게 달려들어 가죽을 쩌억 가르는 시늉을 맛깔스레 연기한다. 태연하게 염통을 떼고 불알을 끊어내어 망태에 담으면서도 관객에게 농을 던진다. 그리고는 천연덕스러운 웃음을 띠며 뜨끈한 염통을 사라고 능청을 떤다.

"안 사려니껴? 사람 꺼보다 훨씬 커서 오줄없는 양반 오줄 생기고, 염치없는 양반 염치 생기니데이. 사소 사."

외쳐대는 품이 영락없는 인간 시장판의 염통 장수다. 구경꾼의 반응이 신통치 않자 이에 질세라 불쑥 우랑을 꺼내 껄떡 숨넘어가는 소리로 외쳐댄다.

"사소 사. 이거 먹으마 양기에 역시 좋으니데이. 늙은 양반 젊은 마누라 둘씩 데리고 살라카마 이 소불알 아이고는 안되겠시데이. 사소 사."

끈적한 안동 사투리로 흥을 살려보지만 관중들은 실실 웃음만 날릴 뿐 선뜻 사려고 나서는 이가 없다. 팔월 염천을 입은 백정의 호기도 점점 드세어진다. 공자도 자식 놓고 살았다며 이 사람 저 사람 꼬드겨 보지만 관객 역시 시큰둥하다. 우랑 판매가 쉽지 않자 서푼 어치도 안 되는 남정네 체면 때문에 사지 않는다고 볼멘소리로 비아냥거리며 돌아선다.

  그때였다. 앞줄에 앉은 중년 여인 둘이 장난삼아 우랑을 사겠다고 나섰다. 그런데 돌아오는 대답이 재미있다. 우랑이 여자에게는 필요 없는 물건이란다. 옆에 앉은 예닐곱 살쯤 되어 보이는 사내아이도 손을 번쩍 든다. 복주머니같이 생긴 붉은 우랑이 탐나는 장난감쯤으로 보였나 보다. 백정은 아이의 아랫도리를 요모조모 살피더니 아직 살 나이가 되지 않았다며 역시 무시하고 만다. 신이 난 백정이 한 외국인에게 다가가 익살스러운 몸짓으로 우랑을 흥정하기 시작한다. 잠시 뜸을 들이는가 싶더니 이내 놀이마당에 익숙해진 외국인이 종이 돈 대신 현금카드를 꺼내 들자 관중은 일제히 포복절도하며 자지러진다. 탈춤 마당의 웃음소리에 팔월 무더위도 기가 꺾인다.

  하회별신굿은 이름의 뜻만큼 공연도 별나다. 금기시되어온 성담론을 별신굿마당에 흥건하게 풀어내고 있다. 묘미 중의 묘미는 양반들의 몸싸움이다. 이번에는 선비와 양반 사이에 백정이 소불알을 들고 끼어들었다. 그는 우랑이 양기에 특효라며 슬슬 부추긴다. 선비가 먼저 흥미를 보이고 양반이 관심을 보이면서 다시 한

판 흥정이 붙는다. 둘은 소불알을 밀고 당기며 서로 자신의 불알이라 고집한다.

정력 증진을 위한 남자들의 노력은 예나 지금이나 가히 눈물겹다. 뱀, 물개, 자라뿐만 아니라 개 불알, 돼지 불알 심지어 사슴 불알까지 정력제로 알려져 남성들에게 귀한 대접을 받는다. 물론 소우랑은 스태미나식으로 인기가 많아 암암리에 거래된다는 소문이 돈다. 그러니 외국 여행길에서도 그냥 지나칠 리 만무하다.

얼마 전 사업을 하는 남자 동기생 한 명이 캐나다 여행길에서 소불알축제를 구경했다며 목청을 돋우었다. 캘거리에서 열린 축제 기간 중 불깐숫소의 주요 부위를 '초원의 굴'이라는 이름으로 관광객에게 요리해 주는 모양이다. 양기라 하면 자다가도 고개를 번쩍 치켜드는 한국 남자들이 어찌 그 중요한 기회를 모른 척할 수 있겠는가.

어릴 때 동네 남자 친구들은 골목길을 누비며 '돼지 부랄'이라는 동요를 부르고 다녔다. "엄마야 뒷집에 돼지 부랄 삶더라. 좀 주더냐 좀 주대요. 맛있더냐 맛없대요. 찌찌찌릉내가 나대요. 꾸꾸꾸릉내가 나대요"라는 노랫말을 떠올리면 절로 웃음이 난다. 뜻도 모른 채 불러대던 그때의 순진한 시골 사내아이들도 요즈음 만나보면 영락없이 정력 음식에 침을 흘리는 중년 아저씨가 되어 있다.

갑자기 탈춤 마당이 소란스러워졌다. 선비와 양반의 실랑이 사이에서 백정이 그만 꽉 쥐고 있던 소우랑을 땅에 떨어트리고 만 것이다. 이때 잽싸게 할미가 나타나 주워 올리며 소리친다.

"쯔쯔쯔, 소부랄 하나 가지고 양반도 지 부랄이라 카고, 선비도 지 부랄이라 카이께네 대관절 이 부랄은 뉘 부랄이노? 내 육십 평생 살았다만 소부랄 때문에 싸우는 꼬라지는 처음 봤다. 처음 봤어. 에이, 몹쓸 것들아……."

결국, 양기에 좋은 소부랄은 할미 차지가 되었다. 하지만 그 물건이 할미에겐 얼마나 유용하게 쓰일지는 의문이다.

아랫도리가 허한 남성이라면 오뉴월 소불알마냥 처져있지 말고 탈춤 여행을 떠나볼 일이다. 안동 우시장을 들러 소고기 국밥으로 허기를 메우고 탈춤공연장에 가 보자. 공연 도중 백정에게 말 한마디 잘 건네면 전통 우랑쯤이야 단독 입수도 가능한 일이거늘. 탈춤 구경에 빠져든다면 어찌 수그린 어깨만 들썩이겠는가.

스물셋, 너에게

　🐪 이십대는 뜨겁다. 어느 세대보다 톡톡 튀고 펄펄 끓는다. 특히 스물셋은 더욱 당당하고 힘찬 나이란다. 청소년기를 지났기에 생각의 폭이 넓어졌고, 어른이 되기 전이라 삶의 무게에 덜 짓눌렸기 때문이지. 더군다나 청춘의 비등점을 향해 젊음마저도 폭발시켜버릴 듯 탄탄한 기세로 달려나가지.
　하지만 화통 같은 열기를 잘못 태우면 불티처럼 가벼워질 수 있고, 주춤거리고 멈추면 럭비공처럼 엉뚱한 곳으로 구를 수도 있단다. 현실은 수업시간에 지겹도록 들었던 영문법이나 수학 공식과는 전혀 다를 수 있어. 달콤한 연애도 기다리고 불안한 취업도 맞이하게 된단다. 실패를 가장 많이 겪는 때이기도 하지만 도전 앞에 주춤거리거나 두려움에 지레 겁먹을 필요는 없어. 그것들은 인생의 보이지 않는 디딤돌과 같은 거니까. 너에게는 꿈으로 똘똘 뭉친 짱돌까지 박혀 회오리 같은 현실도 이겨낼 힘을 가지고 있다는 사실을 기억하렴.

생각해 봐. 십대였을 때는 더욱 가혹했지. 학교와 사회는 너희들의 숨 가쁜 일상을 못 본 척하고 이유 있는 항변에서 넌지시 고개 돌렸단다. 치맛단 한 단 줄이거나 머리 색 한 톤 바꾸는 것까지 어른들의 눈총을 받아야 했지. 조금 멋 부린다고 조금 더 에돌아 걷는다고 길 잃지 않을 테니 내버려달라고 절규하지 않았니. 멀기는 해도 분명히 길이 있다는 것을 어른들은 말해주지 못했지. 너희를 옥죄기만 했던 그때를 떠올리면 찔끔 오금이 저리곤 해.

그래, 네 말처럼 이십대는 가장 멋진 나이야. 너희들이 있으면 풋풋하고 싱그러운 세상을 느끼게 되지. 그러나 요즘 나는 종종 혼돈에 빠진다. 카페에서, 지하철에서, 때로는 길을 걷다가도 마법을 부리듯 일시에 멈춰버리는 젊음들. 엘리베이터를 오르거나 방문을 열어보아도, 사람 기척은 없고 전해오는 건 깜빡거리는 스마트폰 액정의 불빛뿐. 키보드를 두드리는 날렵한 손가락과 화면에 꽂힌 딱딱한 눈길 위로 침묵을 깨트리는 것은 헤드셋 사이로 새어 나오는 록 음악의 강렬한 리듬. 모두들 코쿤 Co coon 속에 들앉아 자신에게만 촉수를 세운 '나홀로족'이 되었더구나. 눈빛을 마주하고 이야기 나눌 너는 어디에 갔는가, 나는 또 어디에 있는가.

　스물셋이 된 너.

　참 예쁘다. 자존감만큼이나 오똑한 콧날과 한 손에 감기는 잘록한 허리가 아니라도, 비비크림으로 홍조를 감싸지 않아도, 몇 개씩이나 뚫은 귓바퀴에 인디언 추장 같은 피어싱을 하지 않아도 충분히 눈부시구나. 햇살을 되쏘는 윤기 나는 머릿결, 열정에 빛나는 눈동자, 지성으로 야무지게 닫힌 입술, 자신감 넘치는 탄력 있는 목소리……. 그 뿐이랴. 도서관으로 향하는 새벽 발걸음 소리며, 동아리 발표회 때 무대를 달구던 화음과 멋진 율동……. 너는, 상상 그 이상의 재능을 품고 있었지.

　유난히 추웠던 그날을 기억하니. 계절이 바람을 타고 오는 것이 아니라 사람의 마음속에서도 겨울바람을 만들 수 있다고 생각한 날이었지. 수능 고사장 가는 길이 그렇게 막힐 줄 예감하지 못한 불상사였어. 오 분을 남기고 오토바이에 실려 극적으로 입실 시간을 맞출 수 있었지. 멀어져가는 네 발을 보았어. 오토바이는 찰나에 지나갔건만 내 눈에 오래 남은 것은 흔들거리던 너의 발이었어. 내 품에 안겨 달랑거리던 그 조고만 것이 저렇게 컸구나……. 나는 그날 비로소 네가 자랐다는 것을 실감했단다. 너와 나. 정신없이 달려온 외길이었어. 인생이란 그런 거야. 때로는 예상치 못한 이별도 있었지만 뜻하지 않은 기회도 생기지. 앞으로 닥칠 네 인생에서도 행운의 찬스가 훨씬 많으리라 믿어.

그동안 엄마라는 이름으로 막무가내 고집을 주장한 점, 때로는 대립각을 세우고 넘치게 투덜댔던 점을 사과하마. 네가 즐기던 유니크 패션을 비웃고 더펄더펄 선머슴같이 행동하는 너를 '까칠한 남경군'이라 불러서도 미안하다. 남자친구가 생겼다고 말할 때 괜히 심술을 부리기도 했지. 이제 널 놓아주마. 예쁘게 사랑하렴.

다음 주면 넌 필리핀 어학연수를 마치고 돌아오겠구나. 이제 졸업을 앞뒀으니 또 다른 세상이 버티고 있을 거야. 지금처럼 당당히 네 길을 걸어가렴. 인생은 도전하는 자가 주인공이니까. 이십대 전반전의 펀치를 시원하게 날리는 거야. 후반전의 승리를 확신하면서.

바다의 기억

바. 다. 의. 기. 억.

 쌓아올린 책탑 중간 즈음 낯설지 않은 책 한 권이 눈에 들어온다. 몇 해 전 저자가 우편으로 보내온 책이다. 바다가 좋아, 책 제목이 좋아, 그리고 저자의 선한 눈매가 좋아서 다른 책과 구분해 놓았는데 어느새 책더미에 파묻혀 먼지를 잔뜩 이고 있다.
 그가 아팠다. 많이 아팠다고 한다. 난파선이 된 그의 몸이 순항 기능을 잃고 병실에 고립되어 요양 중이라 했다. 수평선처럼 잔잔하고 물너울처럼 넉넉한 사람이었는데……. 말기암이라는 소식을 듣고도 제대로 안부 한번 전하지 못한 채 무심히 세월만 흘렀다.

기능을 잃고 닻을 내려버린 배는 얼마나 적막했을까.

차일피일 시간만 흘렀다. 간간이 그와 친분이 있는 사람들 틈에 곁다리로 끼어들어 흐르는 소식을 주워담았다. 지난 늦봄에는 바닷가 수양원에서 자연치유를 한다는 기별이 전해졌고, 재입원한 뒤에는 자신의 작품평이 실린 평론집 발간을 기다린다는 소식도 있었다. 그러나 안타깝게도 병세는 악화되어 항암 치료를 피해 가지 못했다. 나의 병문안 기회는 더욱 망설여졌다. 병색 짙은 얼굴을 찾는 것이 남자의 자존심을 건드릴 수 있다고 생각했다. 문자나 메일 역시 성의 없는 일이라 여겨져서 그만두었다.

그런데 오늘, 그가 떠났다. 이렇게 붉은 아침에, 천지가 세상을 여는 꽃불로 활활 타고 있건만 그가 피워낸 생의 불꽃은 다시 일지 않았다.

"그가 갔다네."

지인의 전화를 받은 그 시각, 나는 묘하게도 절영도 해변길을 지나고 있었다. 길섶에 떨어진 해당화 꽃잎이 마른 재처럼 휙휙 날려 왔다. 이곳은 두어 해 전 그와 함께 온 적이 있다. 작고 수필가 김소운 선생의 취재글을 쓸 때 그가 이곳의 문학비를 안내해 준 덕에 무사히 글을 마감할 수 있었다. 드문드문 서 있는 해송 사이로 부산항이 넓게 펼쳐졌다. 섬과 섬 사이로 솟은 붉은 등대 하나가 유독 쓸쓸해 보인다.

"다시 태어난다면 등대지기가 되고 싶어요."

그날 그가 혼잣말처럼 되뇌었고, 나는 등대를 배경으로 그의 사진을 찍어 주었다. 참갈파래색 남방을 입은 건강했던 모습이 눈에 아려온다.

책장을 넘긴다. 그의 삶에는 언제나 바다가 펼쳐져 있다. 항해사 출신으로 다양한 이국 경험을 하였고, 이십여 년 동안 해양 잡지를 만들면서 바다와 인연을 이어 왔다. 그러나 그는 한때 "나는 바다밖에 모른다"라고 으스댔던 것을 후회한다고도 했다. 길고 험난한 항해를 경험했지만, 자신이 겪은 바다는 천변만화하는 바다의 작은 등대섬에 지나지 않는다고 여긴 것이다.

그가 들려준 바다의 기억에 잠겨본다. 돌아온 배가 있었다고 한다. 어느 노老 선장이 사십여 년간 함께 항해하던 분신 같은 배를 육지로 데리고 와 자신의 고향에 정착시킨 사연이다. 그동안 선장은 배와 함께 세월을 버텼고 배는 선장을 의지한 채 기나긴 험로를 이겨내었다. 그러한 배는 오랜 항해를 마친 영광의 정박선이 되어 귀향하게 된 것이다. 선장에게 배가 전부이듯이 자신에게는 파도 소리가 삶의 일부라고 한 말이 귓전에 쟁쟁하다.

행간에서 햇미역 냄새가 나는 듯 비릿하다. 그의 바다는 다채롭다. 저물면서 빛나는 바다, 그림 속의 바다, 내려다보는 바다, 잊히지 않는 바다, 생존의 바다……. 그에게 한낮의 푸른 바다는 모성이며 해 질 녘 바다는 아늑한 자궁이 아니었을까. 그러나 그의 병실에서는 더 이상 아침을 깨우는 파도 소리를 들을 수 없게 되어버렸다. 책 발간을 축하한다는 전화를 내었을 때 "시답잖은 글로 가만히 있는 바다를 팔려 바다에 미안하다"라며 조근조근한 음성으로 바다에게 고개 숙이던 사람. 언제 나는 한번이라도 바다에게, 나무에게, 강에게, 풀에게, 미안하다는 말을 해본 적이 있는가. 사람에게마저 제대로 미안하다는 말을 하지 못했다. 그가 아프다고 했을 때 병문안 한번 가지 못한 일이 가시로 박혔고, 위로의 말 한마디 건네지 못한 것이 또 미안하다.

영정 사진이 너무나 젊다. 선원답지 않은 흰 얼굴에 물빛 같은 웃음을 머금었다. 마치 "나, 다시 창도蒼濤의 바다 앞에 설 수 있게 되었다"라고 소리치는 것만 같다. 받아들인다는 뜻을 가진 바다. 그 바다는 육지의 끝이 아니라 미지로 나아가는 통로가 됨을 나는 믿고 있다. 그 역시 육신의 옷을 훨훨 내던져버림으로써 비로소 바다에 몸을 맡기고 진정한 항해의 길을 걷게 된 것은 아닐까.

노래의 벽癖

 귀를 세워본다. 무대를 여는 북소리가 나지막이 울린다. 마이크를 잡고 호흡을 가다듬는 숨소리마저 정갈하다. 서서히 저음의 음률이 새어나온다. 가슴을 비틀어 뿜어 나오는 혼의 소리가 허공에 치솟는다. 젖힌 목에 핏대가 일어서고 감긴 눈언저리는 피크크 여음을 끌고 있다. 오래된 우물에서 들려오는 메아리 소리가 저렇게 깊을까. 외진 산사에서 울리는 고승의 불경 소리인들 저토록 처절할까. 알 수 없는 까닭에 숨이 막힌다.

 소릿결이 관객의 표정을 타고 흐른다. 차라리 두 눈을 감고 마는 노신사. 꼼짝 않고 무대를 뚫어지라 바라보는 여성 관객. 잡은 손에 힘을 더하는 연인들. 지그시 그들을 지켜보는 시청자들까지도 하나가 되는 시간이다. 열창이 이어질수록 듣는 이의 가슴은 더욱 시려지고 눈시울은 점점 붉게 물들어 간다.

혼절의 소리가 끝났다. 인사를 하는 구부린 등이 한동안 멈추었다. 마치 도공이 완성된 작품에 엄숙히 낙관을 하듯 혼신으로 노래를 마친 가수가 몸으로 낙관을 찍는다. 멎었던 등이 출렁이며 다시 일어서니 숨죽이던 객석 사이로 참았던 탄성이 터진다. 기립 박수가 이어지고 눈물을 거두는 관객의 낯빛도 만월처럼 밝아진다. 뿜어내는 가수의 열끼*가 관객을 전율에 떨게 하고 가슴 흔드는 열정은 화면을 넘어 '나가수' 열풍을 일게 했다. 방송에서 불렸던 노래가 다음날이면 국내 음원 차트를 휩쓸고 있다.

"나는 가.수.다."

소리치는 목소리가 위풍당당하다. '나가수'는 매주 실력 있는 가수들이 다른 가수의 곡을 편곡해 부르는 미션 서바이벌 프로그램이다. 출연자들은 평가단의 심사에서 탈락하지 않기 위해 끊임없는 노력을 해야 한다. 밤샘 연습도 불사하지 않으며 자신의 창법을 과감히 버리고 새로운 변신을 시도하기도 한다. 냉정한 심사단 앞에 선 그들의 몸에서는 고대 로마의 원형경기장을 들어서는 검투사들의 비장한 심정이 묻어나온다. 감성과 성량, 열의와 표현력이 대단하다. 한 곡의 노래 속에 자신이 겪어온 삶을 고스란히 담아내려는 몸짓까지도 경이롭다.

"이 무대는 특별하다. 다음은 없다는 각오로 선다."

출연자들이 공통으로 하는 말이다.

무엇이 그들을 열창하고 몰입하게 하는가. 돈과 인기, 경쟁과 자존심, 대중의 시선과 직업의식 등……. 내 생각에는 취미와 직업의 경계를 너머 노래에 대한 '벽癖'이 그러한 열정을 피워낸다고 여겨진다. 신들린 듯 노래할 때면 세상에서 가장 큰 꽃봉오리를 가진 푸야레이몬디나무가 떠오른다. 안데스 사막에 사는 이 나무는 평생에 한 번 몸을 열어 삼천여 송이 꽃을 피우고서 곧 죽는다고 한다. 이렇듯 어떤 것에 미치면 제 몸이 죽는 것도 미처 깨닫지 못할 경지에 이르는 것이 벽이 아닐까.

불광불급不狂不及이라고 했다. 미쳐야 미치게 된다. 해괴한 벽을 가졌거나 좋아하는 것에 목숨을 건 일화는 조선 시대를 거슬러 올라가도 예외가 아니다. 책에 미친 이덕무는 스스로 책만 보는 바보라는 뜻의 간서치看書痴라 불렀으며, 이의준은 '옥해玉海'라는 책에 벽이 있어 평생 손에서 놓지 않았다. 결국, 옥해 전실이 있는 관아에 불이 나자 책을 구하러 연기 속에 뛰어들었다가 책과 한 몸이 되고 말았다.

지나치게 즐기는 게 벽이라면 이서구도 빼놓을 수가 없다. 그는 앵무새에 푹 빠져서 '녹앵무경綠鸚鵡經'이란 책을 썼고, 유득공은 집

비둘기를 기르면서 체험과 정보를 모아 '발합경鵓鴿經'을 남겼으며, 이옥은 담배에 벽이 있어 연초에 관한 책 '연경烟經'을 지었다. 벽은 남의 비웃음도 아랑곳하지 않는다. 뿐만 아니라 앵무새와 비둘기, 담배와 같은 미물을 '경經'으로까지 끌어올려 경전을 탄생하게 했다. 그러니 벽이 없는 인간은 쓸모없다 단언하며 벽이 없는 인간과는 사귀지도 말라고 한 선조들의 말씀을 곱씹어 볼 때다.

  요령이나 가식이 통하지 않는 것도 벽이다. 그래서 나가수 출연자들은 꼴찌도 주목받는다. 탈락하는 자까지 아름답다. 왕년에 유명세를 타던 관록만 내세워서도 안 된다. 오직 진정성으로 노력을 다해야만 인정받게 된다. 자신의 전부를 쏟아 붓는 혼의 소리가 울릴 때, 비로소 옛 노래를 고수하던 노인과, 통기타 포크송을 즐기던 중년층과, 아이돌 그룹만 고집하던 청소년들까지도 모여든다. 노래의 벽癖으로 소통의 벽壁을 허문다면 이보다 더 멋진 일은 없을 터이다.

  진정한 예인이라면 좋아하는 것에 목숨을 걸어야 한다. 비록 벽치癖痴의 길이 험난하고 굴곡지더라도 한곳을 보고 걷는 우직함이야말로 줏대 있는 삶의 길이라 생각된다. 어찌 벽이 가수에게만 있을 것인가.

* 열끼 : 눈동자에 드러난 정신의 당찬 기운.

제2부
하얀 낙타

하얀 낙타 • 싸이와 사이 • 흙, 잠에서 깨다
First food • 끈 • 오직, 그리울 뿐
새에게는 길이 없다

하얀 낙타

모래의 바다가 들썩인다. 바람이 모래 파도를 치올리면 둔덕은 물결을 만들고 바닥은 문양을 뒤집는다. 사막 바람은 광대무변의 땅을 화폭 삼아 순식간에 진묘한 풍경을 그려낸다. 지난겨울에 백설로 고요했을 이곳이 지금은 바람의 땅이 되어 훈열을 내뿜는다. 그 바람에 몸을 맡긴 나는 지금 몽골 사막 한가운데 서 있다.

얼마나 지났을까. 저만치 모래바람 속에 그림자 하나가 흔들린다. 하얀 쌍봉낙타다. 흰 갈기를 펄럭이며 그가 초연히 사막을 걷고 있다. 서두르지도 늑장을 부리지도 않은 채 뚜벅뚜벅 맨발로 걸어간다. 하얀 낙타 한 마리가 낸 사막 길이 붉은 지평선을 향해 뻗어 있다. 모래땅에 찍힌 낙타의 굽은 발자국이 낙관인 양 뚜렷하다.

나는 하얀 낙타가 있다는 사실을 몽골 영화에서 처음으로 알았다. 몽골에서는 하얀 낙타를 차강티메라고 부른다. 예전에 호주의 중앙사막을 가 본 적이 있지만 그때만 해도 차강티메의 존재를 알지 못했다. 그곳에서 낙타 투어를 할 때 모든 낙타는 당연히 황갈색 털을 가졌다고 생각했다. 그런데 그토록 와 보고 싶었던 몽골 사막에서 하얀 낙타를 접견하다니. 가끔은 영화가 현실로 연결될 때가 있다는데 난생처음으로 흰 낙타와 조우하게 된 것이다.

영화 속 차강티메의 젖은 눈을 잊을 수가 없다. 고비 사막 사람들은 흰색 낙타를 매우 귀하게 여긴다. 흰색이 모든 생명체의 젖 색깔과 같아서 더욱 신성하다고 믿어왔다. 간혹 유목민들은 흰 낙타를 하늘에 제물로 바쳐 가축의 번성과 그들의 안녕을 빌었다. 그런데 그 제물을 바치는 의식은 우리의 생각과 달리 산 채로 풀어 준다. 이때 주인은 "너를 죽이거나 먹지 않겠다. 팔지 않고 때리지 않고 상하지 않게 하겠다"고 낙타에게 약속한다. 그것은 누구의 소유물도 아니고 어디에도 머물지 않는 영원한 자유를 의미한다. 동물이 인간에게 구속되지 않기를 기원하는 말 속에는 자연에 얽매이지 않으려는 유목민 스스로의 희원이 아닐까.

흰 동물에 대한 경배심은 어느 국가에서든 대대로 전해온다. 고대 로마인들은 특별히 행운이 따르는 사람을 '흰 암탉의 아들'로 추켜세웠고, 아메리카 원주민들은 흰 들소를 부활과 희망의 상징으로 믿었다. 몽골 사람들은 흰 낙타 외에도 흰 암사슴이 시조 바타치칸을 낳았다고 생각하며, 인도에서는 흰 올빼미를 번영의 여신으로 신성시하는 것도 마찬가지다. 미얀마에서 흰 코끼리가 존경의 대상이라면 우리나라도 백호의 태몽을 길몽으로 풀이한다. 나 역시 배추흰나비만 날아와도 행운의 징조라 믿는 것은 흰색에 대한 경외심이 뿌리 깊은 까닭이다.

주인의 손을 떠난 차강티메는 평생 혼자 살아간다. 사막을 떠돌며 운명의 길을 묵묵히 걷는다. 혹한의 밤과 폭염의 낮을 견디고 광야의 눈비를 스스로 버텨내야만 한다. 고비의 고독을 온몸으로 받아들이는 것이다. 그러한 삶을 이겨낸 차강티메의 눈빛은 결기가 드러나고 몸체는 위엄이 서리며 발걸음은 더욱 굳건해진다. 고매한 인품을 가진 자나 남다른 재능을 가진 사람 역시 어쩌면 흰 낙타의 삶을 뒤따라야 할지도 모른다. 순탄치 않은 생이다.

남과 다른 삶은 얼마나 외롭고 쓸쓸한가. 혼자 살아본 사람이라면 반복되는 삶이 얼마나 지루한지 안다. 하지만 그 삶을 이겨낸 사람이라면 익숙해지는 것이 곧 단단해지는 길이라는 것도 안다. 타인의 삶을 함부로 말하지 말라. 차강티메의 꼿꼿한 몸짓이 전해

주는 듯하다.

독야청청하기가 어디 쉬운 일인가. 홀로 있기란 어려운 일이고, 들판에 홀로 있기란 더욱 어려운 일이고, 황야에서 홀로 견디기란 더더욱 어려운 일이다. 가난한 천재 예술가, 묵언의 수행자, 유행을 등지고 외길을 고집하는 장인……. 때로는 난세에 삶을 이어가지 못하는 일도 생긴다. 따가운 시선의 고독감을 감내하지 못해 주저앉는 슬픈 경우이다.

하지만 그들이 있기에 세상은 짐작보다 덜 속되었다고 여겨진다. 예술가들의 영감이 없었다면 어찌 울고 웃을 수 있을 것이며 선지자들의 예지가 번득이지 않았다면 어찌 지혜를 얻을 수가 있을까. 우리는 영화 속의 차강티메보다 현실의 차강티메 같은 인간을 인정하고 그들의 존재를 더 귀하게 여겨야 하겠다.

앞서 가던 낙타는 어느덧 보이지 않는다. 광활한 사막 위에는 외길 낙타의 발자국만 눈이 시리도록 뚜렷하다. 쓸쓸하다 못해 숭고하기까지 하다.

늘며시 몸을 돌렸다. 돌아서 바라본 노래사막에는 오직 낙타와 나의 발자국만 나란히 찍혀 있다. 항상 존재하지만 보이지 않는 것이 바람이다. 흙바람이 모래를 쓸어내려 내 발자국을 조금씩 지워간다. 그러나 움푹 파인 낙타의 발자국은 그대로 남아 있다. 내가 찍은 발자국마저도 깊고 뚜렷한 낙타의 족적에 비할 수가 없다.

인간이 이곳에 와서 남긴 자국은 가벼운 바람조차 이기지 못하는 순간의 흔적인가 보다.

　어찌 보면 인간은 차강티메보다 못한 동물일 수 있겠다. 그래도 사막의 한 점 발자국이 내 존재라면 살아 있다는 것이 눈물겹도록 행복하다. 남겨진 낙타 발자국을 따라 되돌아 걷는다. 바람에 실려 사그락 흘러내리는 모래 소리가 등 뒤에서 들려온다.

싸이와 사이

'강남스타일' 광풍이 지구를 흔들고 있다.
 몸짱도 섹시함도 없는 가수 싸이가 넉살 좋은 얼굴로 뱃살을 흔들며 익살스레 말춤을 춘다. 근사한 턱시도를 빼입고 살찐 모차르트 같은 표정으로 춤을 추면, 비죽 붉어진 물살도 출렁출렁 리듬을 탄다.
 빌보드 2위에 진입한 싸이의 인기는 지칠 줄 모른다. 런던 시장 보리스가 말춤 흉내를 내고, 팝의 여왕 마돈나는 열정적인 합동 공연을 했으며, 명문 옥스퍼드대학은 싸이에게 강연장 마이크를 쥐어 주었다. 에펠탑 인근 광장에서는 수만 명이 떼창을 부르며

단체 말춤을 추었는데, 마치 현대 옷을 입은 원시 부족들이 승전무를 추는 착시를 불러왔다. 유튜브 속의 말춤은 언어의 벽을 허물고 인종 간 틈을 좁혔다. 싸이라는 젊은 래퍼가 국가브랜드를 넘어 지구촌 코러스가 된 대박을 터트린 것이다.

  틈새를 타고 패러디도 인기몰이를 한다. 홍대스타일, 대구스타일, 차이나스타일에 이어 경찰스타일, 건맨스타일도 등장하더니 새내기 운전자는 자동차 뒷유리창에 초보스타일을 붙여 애교를 부린다. 지난번 미국 대통령 선거 때에는 부자들의 탐욕에 신랄한 풍자를 담은 롬니스타일이 인기를 누렸고, 한국 역시 특정 대선 후보의 스타일 패러디로 정치를 꼬집고 있다.

  강남이 어떤 곳인가. 타워팰리스니 아이파크니 하는 대형 아파트가 우뚝 선 곳, 땅값 비싸고 외제차 많고 명품 학원이 즐비한 한국의 베벌리 힐스이기도 하다. 뮤직비디오에서 싸이는 자신을 강남스타일이라고 강조한다. 하지만 아무리 봐도 그에게는 '강남 특별시민'이 풍기는 고상한 이미지를 찾아보기 어렵다. 강남스타일이 되려면 몸짱에다가 세련된 정장을 갖춰 입고 가만히 서 있어도 제비 같은 매너가 좌르르 흘러야 하건만 보면 볼수록 엉뚱하다. 대낮에 노골적으로 여자 엉덩이를 훑고, 사우나에서 유행가를 부르고, 놀이터의 회전목마를 타며, 관광버스에서 막춤을 추기도 한다. 천박하고 속되기까지 하다.

하지만 그를 보며 시청자들은 웃는다. 서민들의 억눌린 욕망을 풀어주기 때문이다. 탈선적이면서 탈속적이기도 하다. 상류문화를 은근히 조롱하고 비튼다는 것을 눈치채고 있다. 예술은 때로는 고상한 숭고미보다 우스꽝스러운 해학미를 가져야 더 설득력이 있지 않은가.

얼마 전의 일이다. 내가 속한 문학단체에서 가까운 도자기공원으로 가을 기행을 갔다. 공원 잔디밭에 야외무대가 마련되었는데 그날따라 유난히 햇살이 따가웠다. 볕이 눈부셨던 회원들은 하나둘씩 기념품으로 받은 검정 우산을 펼쳐 들고 앉았다. 뒤쪽에서 행사 사진을 찍던 나는 그 박쥐우산 때문에 사람들의 표정을 제대로 담을 수 없어 불만이었다.

그때였다. 악단의 음악이 울리자 평소 조신해 보이던 한 여류시인이 무대 위로 뛰어 올라가 맘춤을 추기 시작했다. 젊지도 늙지도 않는 그녀는 싸이처럼 파워풀한 섹시 댄스를 선보이지는 않았지만 가락에 맞추어 제법 정확한 동작을 이어나갔다. 중년 여성의 코믹한 몸짓에 회원들의 착석 자세는 섬섬 무느러워져 갔다. 몸이 조금씩 좌우로 흔들렸다. 아마 그동안 TV를 보며 한 동작쯤은 배워뒀던 게 틀림없었다.

분위기가 무르익자 사회자는 관중석을 향해 모두 함께 추기를 권했다. 그러자 참으로 기이한 일이 일어났다. 젊은 수필가는 물론 박힌 돌같이 묵묵하던 희수의 노老 평론가까지 우산을 접고 일어나 기마 자세로 흐느적흐느적 말춤을 따라 하기 시작했다. 순간 잔디밭은 승마장으로 변했다. 문인들이 일제히 마부로 변신하여 합동 말발굽 소리를 내면서 말고삐를 후려치는 헛손질을 해대었다. 민머리, 더벅머리를 한 결코 젊지 않은 남성문인들이 "오빤 강남 스타일~"이라 목청을 돋우면, 때를 기다렸다는 듯 생머리, 염색머리로 나이를 가늠하기 어려운 여성문인들이 "갈 데까지 가 볼까~"라며 응수를 했다. 정말 이대로 간다면 일심만능을 이뤄낼 기세였다. 그날의 희한스러운 풍경을 잔디밭 귀퉁이에서 반쯤 물든 단풍나무 서너 그루가 지켜보고 있었다.

 춤은 우리를 즐겁게 해 준다. 십대부터 중년까지 어깨를 맞대었다. 세 살짜리 어린 조카가 30대와 50대의 부자간 공백을 채우고, 권위를 내린 사장이 말춤 퍼포먼스로 다가가면 직원들은 닫힌 마음을 풀기도 한다. 춤이라는 몸말이 사람들의 틈을 비집고 들어온다. 말춤도 사람 사이를 메워나간다. 틈gap을 사이together로 바꾸는 춤이 진정한 싸이의 율동이다.

흙, 잠에서 깨다

　창밖에 초록물이 내려앉았다. 며칠간 비를 머금었던 나무들이 가지마다 봄기운을 흔들고 있다. 봄은 숨은 촉의 향기로부터 오고 가을은 마른 잎 소리로 깊어간다. 그러기에 잎자국 속에서 다시 돋는 계절을 기다리는 일은 언제나 마음 설렌다.

　지난겨울이 끝나갈 무렵, 이른 봄을 만나러 나섰다. 매향의 알싸한 맛에 욕심을 내어 가까운 원동 매화마을로 향했다. 산허리를 휘감으며 풀어내는 순백의 꽃잎이 강변 찬바람을 밀어내고 있었다. 잠시 머문 산자락의 매실 농원에서 어렵사리 매화 모종 한 주를 얻었다. 작은 체구이지만 줄기가 딴딴하고 꽃봉이 제법 맺혀있었다. 마침 베란다 한켠에 엉거주춤 놓여있는 빈 화분이 생각났다. 머지않아 꽃등을 피워올릴 것을 생각하니 마음에서 먼저 달큰한 바람이 일었다.

하지만 옮긴 지 한 달도 채 되지 않아 시들병에 걸린 양 허청대더니 쪼그라들면서 말라버렸다. 기대했던 꽃불은커녕 꽃심지도 올리지 못했다. 한 줌 흙을 움켜쥐었던 나무는 어쩔 수 없이 창 밖 숲으로 내던져졌다. 봄꽃이 마음에서 지니 온몸의 기운마저 꺾여버렸다. 잔뿌리를 덜어낸 화분은 속이 퀭하게 꺼져 있었다. 푹 파인 모양새가 속앓이한 마음 같기도 하고 외딴 골에 남아있을 스산한 토굴을 떠올리게도 했다.

화분을 선뜻 치울 수가 없었다. 그대로 창 밖 화분틀 위에 올려놓았다. 잠시나마 매향을 꿈꾸었던 도량이라 애틋한 마음이 깊어졌다. 나는 무시로 화분 주위를 기웃거려댔다. 차돌을 몇 개 주워와 메우기도 하고 반쯤 남은 흙 위에 엉그름이 생기면 간간이 물도 뿌려주었다.

매화의 계절이 지나간 후에도 아쉬운 마음은 여전했다. 그즈음 함양에 있는 논개 묘에 갈 기회가 생겼다. 봉분은 한적한 야산 위에 기개만큼이나 오롯이 솟아 있었다. 계단을 따라 묘역에 오르자 무덤 주위에 솜털을 뒤집어쓴 할미꽃이 흩뿌리듯 피어있었다. 추모비에는 열아홉 청춘의 논개를 역사의 꽃이라 새겨놓았다. 문득 이

꽃이야말로 충절의 화신花神이 아닐까 싶었다. 집에 있는 화분의 빈자리가 자꾸만 아른거려 슬쩍 한 뿌리를 캐내는 박행薄行을 저지르고 말았다. 이송되어온 할미꽃은 잠시 나팔 같은 꽃잎을 여는 듯하더니 이내 저항이라도 하듯 봉오리를 꾹 다문 채 굳어버렸다.

오월의 나무들은 더 큰 몸짓으로 바람을 맞으며 일렁였다. 하지만 창문 곁에서 제구실을 못하는 화분만 생각하면 종내 못마땅했다. 내 방은 창 너머로 앞산이 코앞에 닿을 듯 펼쳐지고 사철 새소리가 멈추지 않는 곳이다. 때마침 박새 떼가 둥지를 튼 덤불에 눈길이 머물렀다. 저 새라도 빈 화분에 앉아주었으면 하는 마음이 간절했다.

며칠이 지났다. 박새를 한번 꾀어보기로 작정했다. 텔레비전에서 본 어느 스님 흉내를 내었다. 스님이 긴 막대기에 땅콩을 올려 내밀면 새들이 잠시 머뭇대다 경계를 풀고 쪼아 먹곤 했다. 나는 옳다구나 싶어 하루 몇 차례씩 땅콩을 막대 위에 얹어놓고 유혹했다. 새들이 입맛을 들이면 땅콩을 화분 위로 옮겨 유인할 요량이었다. 이 우스꽝스러운 행동은 한동안 계속되었다. 간혹 막대 쪽을 향해 눈주기를 하는 놈도 있었지만 대부분은 호의를 외면했다. 아예 남은 땅콩을 수풀 위에 수북이 던져 주고 은근슬쩍 곁눈질을 해봐도 반응은 신통찮았다. 새들의 눈에도 내 얕은꾀가 가소로운 모양이다.

늦여름이 지나도록 화분은 아무런 변화가 없었다. 찬바람이 이는 계절이 되자 더 이상 화분에 눈길이 가지 않았다. 나는 겨울 동안 창문을 닫고 커튼을 여미었다. 그러는 사이 화분은 까마득히 잊혀졌다.

다시 봄이 왔다. 창밖 나무들은 새순을 올렸고 숲의 초록빛은 더 짙어졌다. 그런데 작지만 놀라운 변화가 생겼다. 화분에서 푸른 이끼가 돋았고 실밥 같은 풀 몇 가닥이 뿌리를 내리고 있었다. 게다가 괭이밥 씨앗이 산바람에 실려와 잎을 틔워냈다. 잎사귀 사이로 볕살이 스며들고 지문 같은 거미줄은 그늘을 만들었다. 이 모든 풍경을 완성이라도 하듯 깍지벌레 하나가 꼬물거리고 있었다. 내가 방 안에서 초봄을 외면하고 있는 동안 고 작은 것들은 시련과 역경을 견뎌내었다. 그들은 자연의 경이로움을 함께하고 있었던 것이다.

그러다 오늘 뜻밖의 손님을 맞았다. 무심코 화분을 들여다보다가 청개구리 한 마리와 눈이 딱 마주쳤다. 나는 알 수 없는 전율에 온몸이 굳어버렸다. 반드레한 차돌 위에 초록 이끼 같은 민둥한 등이 정좌를 하고 있다. 호기에 찬 내 모습과는 달리 한 치의 흔들림도 없다. 그와 나 사이에 정적이 인다. 투명한 눈동자를 응시한다. 어디서 어떻게 왔을까. 화살나무 잎가지를 거쳐 아파트 돌벽을 타고 사 층까지 오른 것임이 틀림없다. 한때 기다렸던 박새 대신 생각도 못한 청개구리가 넘실 공중정원에 먼저 발을 내디딘 것이다. 모험심과 두둑한 배짱을 가졌으니 야상군자也上君子라 불러도 좋을 듯하다.

개구리가 제아무리 벽 타기 선수라지만 엊그제 비로소 경칩이 지났는데 오늘 몸소 나를 찾아온 까닭은 무엇일까. 해마다 봄을 기다리는 내게 이른 봄을 전하고자 고행을 자처한 것은 아닌지. 그것이 아니라도 세 번이나 사라져버린 내 봄꿈을 위로해주기 위해 온 건 아닐까.

그러고 보니 비어있다고 억지로 채울 일이 아닌가 보다. 작은 화분이 작은 생명을 얻듯 봄은 만드는 것이 아니라 찾아오는 것임을. 흙이 깨기를 기다리면 씨알도 새움을 틔우는 법. 만물의 연緣도 저절로 닿아야 만고의 이치가 아닐는지.

First food

신음이 처절하다. 가까스로 빠져나오는 것은 머리가 아니라 야윈 다리. 난산의 고통에 어미 낙타는 절규한다. 화면 속 주인도 객석의 관객도 애가 타는 건 마찬가지다.

주인은 기진한 어미의 목을 쓰다듬고 달래준다.

"괜찮다. 너는 대단한 일을 하고 있단다."

용기를 낸 어미가 다시 산도를 넓히면서 마침내 새끼의 몸을 툭, 떨어트린다. 붉은 핏덩이가 사막 지평선을 물들인다.

난산의 고통은 모정까지도 잊게 하는 모양이다. 비척대며 품을 파고드는 자식에게 어미는 매몰차게 고개를 돌린다. 새끼를 받아들이지 않는 몸짓은 하루를 넘기고도 여전하다. 어미의 마음은 쉽게 돌아서지 않는다.

유목민 가족은 고심 끝에 악사를 초청한다. 몽골에서는 동물의 맺힌 마음을 음악으로 풀어주는 전통의식이 전해진다. 젊은 며느리가 옛 노래를 부르고 마두금 선율은 사막 구릉을 넘어 둥글게 퍼져나간다.

그 선율은 위로의 말이 되어 바람을 탄다.

"고생 많았구나, 장하다. 튼튼한 새끼를 낳았구나."

새끼 낙타는 애원의 눈길로 호소한다.

"제가 왔어요. 어머니, 저를 보아 주세요."

이윽고 어미의 두 눈에서 신비하리만큼 맑은 눈물이 뚝뚝 떨어진다. 고통이 모정으로 녹아내리는 순간이다. 비로소 어미는 몸을 비비며 젖을 물린다.

젖꽃판에 가득 물이 오른다.

끈

이야기 하나

작고 수필가 허천 선생에 대한 글을 쓸 때다. 당시 그분의 지인을 만나 귀한 일화 한 토막을 들을 수 있었다. 허천 선생은 평소 오영재 화백을 자주 찾았다고 한다. 오 화백은 부산미술의 개척자로 평생 가난을 숙명으로 받아들이고 팔리지 않는 그림을 그리기로 유명했다. 그가 가난에 쫓겨 부산 변두리의 외진 마을로 들어갔을 때 허천 선생은 심심찮게 그곳에 들러 종일 보내다 돌아오는 낙을 즐겼다.

그런데 두 분은 아침나절부터 해거름까지 별말도 없이 지냈다고 한다. 화백은 좁은 방의 벽을 향해 스케치만 하고, 허천 선생은 창밖 풍광이나 천장을 보고 누웠다가 가끔 빈 종이에 글 몇 줄 끄적거리는 일이 전부였다. 점심때가 되면 화백의 빈처貧妻가 내어온 국수 한 그릇을 비우고 저녁까지 조용히 지내다 돌아오곤 했다. 더욱 재미있는 일은 주변 사람들이 실답지 않다고 여기는 것과 달리 두 분은 서로가 그렇게 편할 수 없었다고 전한다. 함께 있어도 서로를 잊어버리는 것만큼 완벽한 합일이 있을까.

운전을 배울 때도 마찬가지라고 여겨진다. 운전 시험을 앞두고 방에 누우면 천장이 온통 주행코스로 보이고 형광등은 신호등으로 바뀐다. 춤을 시작하면 눈앞에 무대가 둥둥 떠다니고 바둑에 입문하면 네모 판이 모두 바둑판으로 와 닿는다. 그러다 익숙해지면 운전자는 운전대와 한몸이 되고 댄서는 무대를 안방처럼 종횡무진하게 된다. 진정한 프로가 되면 눈앞의 형상이 마음속으로 들어와 제자리를 잡는다. 사람의 관계도 예외가 아니다. 함께 있어 어색하고 신경 쓰인다면 상대를 받아들이지 못한 경우이고, 옆에 있어도 불편하지 않다면 상대를 품었기 때문이다. 눈에 보인다는 것은 나와 대상이 맺어지지 않은 결과이다. 마음의 끈으로 완전히 보듬어 안을 때 비로소 눈앞에 보이지 않는다. 묶어야 할 끈이다.

지금 내 곁에는 누가 있는가. 나는 진정 누구와 함께 있고 싶은가.

이야기 둘

불가에서 전해오는 이야기 한 토막을 떠올린다.

한 노승이 장작을 패고 있었다. 옆에는 막 산문山門에 든 행자가 장작을 쌓는 중이다. 행자의 고민을 알고 있는 노승이 말했다.

"뒤꼍에 가면 장작이 더 있느니라. 가져오너라."

행자는 말이 끝나기가 무섭게 뛰어갔다. 그런데 이내 빈손으로 되돌아왔다.

"뒤꼍엔 장작이 없는데요."

"음, 수고했다. 거기 놓아라."

그 말에 당황한 행자가 다시 대답했다.

"그곳엔 아무것도 없습니다."

"그럼 네 마음대로 하거라. 내려놓든지, 무겁게 들고 서 있든지."

노승이 던지는 화두는 무엇인가. 장작을 가져오라 했는데, 행자는 없다고 했다. 내려놓으라고 했는데, 행자는 또다시 장작이 없다고 했다. 그러자 노승은 장작을 내려놓든지, 무겁게 들고 서 있든지 마음대로 하라고 말한다.

노승의 눈에 보이는 것은 무엇인가. 그것은 행자가 안고 있는 세속의 끈이며 마음의 짐일 터이다. 버려야 할 끈이다.

끈이라고 말하니 낯선 여행길이 떠오른다. 언젠가 태국을 거쳐

캄보디아의 옛 앙코르 왕국으로 가는 버스를 탄 적이 있다. 차창 너머 풍경은 낡은 수채화처럼 오랫동안 이어졌다. 손수레 행렬을 끄는 맨발의 짐꾼들. 푸른 무논을 갈던 야윈 물소 떼. 시골집 앞마당의 덩그런 웅덩이. 흙담 옆에서 부지깽이 같은 팔을 흔들며 환하게 웃던 아이들.

'생에 집착하지 말라. 죽음이란 강 너머 동쪽으로 거처를 옮기는 것.'이라던 믿음을 고스란히 보여주었다. 그들은 가난해도 웃는다. 우리는 어떤가. 나는 그 여행길에서조차 현실의 끈 중 하나인 손해본 보험 불입금을 떠올렸다.

내 손에는 무엇이 들려 있는가. 내 눈은 자꾸 어디로 향하는가.

이야기 셋

한 부자가 있었다. 가진 게 많아 창고에 온갖 물건이 가득했다. 아무튼 그가 아끼던 손목시계를 창고에서 잃어버렸다. 아무리 찾아도 보이지 않았다. 그 많은 물건 사이 어딘가에 있으련만 행방은 오리무중이었다. 할 수 없이 동네 아이들을 불렀다. 시계를 찾은 아이에게 얼마간의 용돈을 주겠노라 제안했다. 아이들은 창고를 뒤지고 기웃거리느라 난리법석이었다. 꽤 시간이 지났지만 아무도 시계를 찾지 못했다. 싫증이 난 아이들이 하나둘 포기하고 창고를 떠났다. 어떤 아이는 부자가 거짓말을 한다고 투덜댔다.

그러나 한 아이는 끝까지 남아 조심조심 찾아다녔다. 해가 지고 어둠이 내렸지만 희망을 잃지 않고 살폈다. 밤이 한참 깊어갈 무렵 어디선가 나지막한 소리가 들렸다. 귀를 세워 소리 나는 곳으로 다가갔다. 창고의 귀퉁이에 잃어버린 시계가 숨은 듯 놓여 있었다. 물론 그 아이는 부자가 내건 용돈을 손에 쥘 수 있게 되었다.

가득 차면 귀한 것은 묻히게 된다. 일체의 소음이 없는 지경에 이르면 비로소 시곗바늘 소리가 들려온다. 마음도 마찬가지다. 외면적 소음이 요란하면 내면의 소리는 들리지 않는 법이다. 불필요한 소리들을 지워냈을 때 자신과 만날 수 있게 된다.

요즘 뜨고 있는 한 남자가 있다. 뿔테 안경을 쓰고 슈베르트 같은 파마머리에 톡톡 튀는 강의를 하는 김정운 교수다. 그가 얼마 전 '그리스인 조르바'를 읽고 사직서를 제출했다. 느닷없이 다가온 자유 때문에 교수라는 사회적 지위의 달콤함을 미련 없이 던져 버렸다. 쉰 살의 창창한 나이에 안정과 품위라는 매듭을 끊고 아슬한 자유의 끈을 집어 올린 그는 미뤘던 글쓰기에 몰두할 예정이라고 한다.

조르바가 질그릇을 만들 때 물레 돌리기에 방해가 된다며 자신의 왼쪽 집게손가락을 잘라버리듯이 진정한 자유는 추구하는 바가 분명해야 한다. 재미있어서 선택하는 것이 아니라, 선택하면 재미있다는 게 조르바의 이론이다. 가려야 할 삶의 끈이다. 자유는 도피가 아니라 새로운 영토로 진입하는 것.

   내 마음에는 어떤 소음들이 들리는가. 당겨야 할 마음줄은 무엇인가.

오직, 그리울 뿐

옛 사진을 즐겨보는 버릇이 생겼다. 찰나였던 낡은 사진은 과거와 현재를 이어주는 끈이기도 하지만, 사진마다 한 편의 수필이 들어 있다는 사실을 새로 알았기 때문이다.

어릴 때 나는 아주 겁 많고 소심하고 적막한 아이였다. 병치레도 곧잘 하여 학창시절 한 번도 개근상을 타 본 적이 없다. 아프기 시작하면 온몸이 불기둥이 되어 신열에 입술이 타고 오한으로 몸을 떨었는데, 뚜렷한 병명은 없었다. 그러한 몸앓이의 원인을 알지 못했듯이 삶에도 치유할 수 없는 상처가 많다고 느낀 건 제법 철이 든 후였다.

수필을 만나면서 그 아픈 생들을 다독이기 시작했다. 부끄럽게 여겼던 가난도 펼쳐내고 실패한 삶도 보듬어 안고 엉킨 가족사도 하나씩 풀어내었다. 그럴 때마다, 작가는 저마다 마음속에 건천乾川을 품고 사는 존재라는 말이 떠올랐다. 내게 있어 글을 쓰는 일이란 숨어있던 물줄기를 끄집어내는 것과 같다. 그래서 실낱같은 물줄기라도 찾게 되면 귀를 바싹대고 심상의 소리를 들으려 노력했다.

지난해 어느 여름날이다. 묵은 사진첩을 넘기다가 내 눈길은 낡은 흑백사진 한 장에 내리꽂혔다. 그 속에는 까매진 얼굴 위로 가지런한 치아를 드러낸 소년이 화석처럼 박혀 있었다. 이마를 덮은 햇살에 낯빛은 밝았으나 눈빛에는 슬픔이 돋았다. 그것은 묻어 둔 아픔이기도 했다. 그날 나는 '그'의 곁에서 드러내기 어려운 내 삶의 뿌리가 낮게 엎드려 있는 것을 보았다. 옛 기억을 되살리기 위해 나는 피우지도 못하는 장미 담배 몇 개비를 축내었다. 〈장미, 타다〉라는 글은 어쩌면 내가 처음으로 태운 장미 담배의 어설픈 재일지도 모르겠다.

〈하얀 낙타〉를 보았던 사막의 길. 그 길 위에 움푹 박힌 낙타의 발자국. 들여다보고 있으면 모래바람이라도 불 것 같은 그 사진은 더없이 소중하다. 당시, 나는 가던 길의 난관 앞에 옴짝 못한 채 주저앉게 되었다. 순조롭게 생각했던 송사가 끝이 보이지 않았고,

일은 생각지 않은 방향으로 엉키어만 갔다. 사방은 막혔고 미래는 더욱 암담했다. 몸의 일부분까지 망가져서 살점을 들어내는 수술을 강행했다. 병상에서 일어나자마자 탈출하듯 떠난 곳이 몽골 사막이다. 처해진 현실에서 멀리 더 멀리 가고 싶었던 것이다. 그때 낯선 사막길에서 스스로 길을 만드는 낙타를 보았다. 외롭게 뻗어 있던 낙타의 발자국. 그 초연한 걸음을 보면서 마음을 다지고 일어섰다. 지금도 마음속 증표가 되어 내 정신을 곧추세워주는 사진이 그것이다.

그리고 한 장의 여뀌 그림 사진. 10년째 여뀌를 그리고 있는 화가의 그림을 찍었다. 비싼 그림 대신 사진이 전하는 느낌도 꽤 괜찮았다. 여뀌의 계절이 오면 아침 산책길에 한 줌 꺾어와 투명 유리병에 꽂아 두기도 했다. 그러한 여뀌꽃을 오래 들여다보고 있으면 언제나 정신이 혼미하고 아득해진다. 그땐 차라리 눈을 감는다. 그러면 어김없이 여뀌가 핀 고향 강변 둑을 걷는 시골 소녀가 보인다. 그 붉은 들꽃들의 흔들림. 그것은 내 글쓰기의 시원이 되었다. 내가 글의 길을 마다하고 샛길로 발을 디딜 때마다 사진 속 여뀌꽃은 고향 바람 소리를 낸다. 그 소리를 담은 글이 〈여뀌가 핀 로두스〉가 되었다.

지금도 내 방 한쪽 벽에는 종이 사진이 하나 걸려 있다. 낯선 시모노세키 거리에서 처음으로 본 와사등 불빛이다. 김광균이 까닭도 없이 눈물겹다던 그 등불을 올려다본다. 빈 하늘의 푸른 등불이 말을 걸어올 때까지 나는 조용히 와사등 불빛에 귀를 기울이곤 한다.

이렇게 내가 한 장 한 장의 사진을 들여다보면서 쓴 글에 애정을 가지는 이유는 단 한 가지. 그것은 그리움이다. 그리움에는 이유가 없다. 장미가 타고 있던 그곳, 그 상그런 향기, 그 얼굴들, 목소리……. 모래 파도가 차오르던 사막 구릉, 둥글게 퍼져 나가던 바람 소리, 그날의 하얀 낙타, 다시 만날 수 없는 사람들…….

그립다. 오직, 그리울 뿐이다.

새에게는 길이 없다

새를 만나는 일은 글을 쓰는 것만큼 행복하다. 글을 쓰는 것만큼 새를 만나는 일도 행복하다. 매일 아침 산책길에서 침묵으로 새를 만난다. 새와 나란히 걸으며 해송 사이로 밀려오는 갯바람과 사각대는 억새와 입선立禪에 든 겨울나무의 잔가지가 떠는 미세한 소리에도 귀를 기울인다. 이러한 새의 몸짓이 내 상념을 흔들어 깨운다.

  동살이 잡힐 무렵 공기의 부력으로 삼라만상을 회전시키는 새들을 볼 때면 새로운 세상으로 여행을 꿈꾸기도 한다. 때로는 새의 비상 뒤에 남겨진 긴 여운에 기운이 빠지기도 하지만 비상 같은 글쓰기는 내가 새가 되는 시간이다. 가진 것 없으면서 가벼우나 단단한 날개로 하늘을 가르는 힘찬 몸짓에는 인간이 흉내 낼 수 없는 성스러움이 담겨 있다. 글도 그러리라 믿는다.

어릴 적에 사방이 논밭으로 둘러싸인 시골 외딴집에 살았다. 집 앞 개울의 갈대밭과 늪에는 무수한 종류의 새들이 찾아왔다. 종다리와 들꿩과 물닭 무리까지 계절을 잊지 않고 조용히 깃을 내리곤 했다. 그러던 어느 날 사람에게도 가히 위협적인 장대비가 갑자기 쏟아졌다. 때마침 어미 새 한 마리가 온몸으로 비를 맞으며 논둑 둥지 속 알을 지키는 광경을 보게 되었다. 어떠한 외부 환경에도 꿈쩍하지 않으려는 부동의 자세는 모정을 뛰어넘어 차라리 초연함이었다. 그 박힌 상像은 어찌나 뚜렷하게 각인되었는지 지금도 간혹 빗속의 새를 만나면 발길을 쉽게 옮길 수 없다.

나의 글쓰기는 떠나온 고향을 처음 찾았을 때 시작되었다. 삼십여 년 전, 당시 한꺼번에 부모님을 잃게 된 어린 남매는 더 이상 그곳에 살지 못했다. 누군가에게 고향이라는 말만 들어도 가슴이 아리고 눈이 시려 왔다. 그런데 우연히 철새들의 서식지인 우포늪에서 비상하는 새들의 소리를 듣다가 문득 내 고향에도 새들이 앉았던 자리가 남아있을지 모른다는 기대감이 부풀어 올랐다. 그 아련한 기억이 힘겨운 발걸음을 이끈 것이다.

그 후 마음이 적적할 때면 고향 인근의 강과 저수지를 찾는다.

그곳에서 만나게 된 철새들이 나의 고적감을 차츰 치유해 주기 시작했다. 뻘흙 속에 발을 담그고 생명의 겨울 뿌리를 훑는 새들을 지켜보면서 고향은 뻘흙 같은 곳이 아닐까라고 생각한다. 수초가 겨울에도 싱싱한 뿌리를 내리는 그곳은 가시적인 공간이 아니라 원초적인 장소라고 여겨졌다. 청둥오리 떼가 화려한 군무로 귀향하는 모습을 지켜본 날 처음으로 한 편의 글을 완성했다. 신성한 새의 몸짓은 허둥대던 마음을 일으켜 주었고 글 속의 마지막 방점은 여릿한 마음을 조금씩 아물게 해 주었다. 가만히 생각하니 고향을 잃은 게 아니라 스스로 찾지 않았던 것이다.

 새를 만나면 지금도 마음이 설렌다. 여행지에서 낯익은 새를 만날 때면 잃어버린 고향을 찾은 것처럼 가슴이 떨려온다. 노랑부리 저어새가 주둥이를 뻘물에 넣고 휘휘 젓는 모습에서 시골 어머니의 영락없는 주걱질을 떠올리기도 하며 노목老木에 앉은 곤줄박이를 볼 때면 아버지의 잿빛 중절모를 생각한다. 적도 부근의 섬에서 공중을 선회하던 사막새와 붉은 바위산 아래에서 깃털을 털고 있던 열대조의 몸짓도 잊을 수 없다. 글의 길을 가다 보면 이러한 새들과의 낯선 만남으로 묵었던 응어리가 슬며시 풀리기도 한다.

 언젠가 단테의 생가를 찾아서 피렌체 거리를 배회한 적이 있다. 중세 예술가들의 조각이 살아 숨 쉬는 웅장한 광장을 지나 좁은 골목길로 들어서자 고풍스러운 건축물들이 당당히 버티고 있었다.

하늘로 치솟은 첨탑 지붕의 화려한 성당과 푸른 대리석 벽의 주택 창가에 놓인 제라늄 화분들이 눈부셨다.

그 길에 또 다른 길이 포개졌다. 이십 년 만에 찾은 고향 강변길이다. 그리운 사람들이 떠난 후 철거된 집터와 진흙탕 사이로 겨울바람만 불어오던 황량한 강둑이 시간을 깎아내고 있었다. 단테의 생가로 이어지는 길은 짧았고, 개발에 묻힌 고향길은 누적된 시간만큼 길었다. 이제 그 길들이 제각각 내 가슴 속 두 심실에서 글의 길로 이어내고 있다.

단테의 생가에서 본 흰종이새를 떠올린다. 가까스로 찾아간 생가는 이끼 낀 돌담으로 둘러싸여 있었다. 눈에 뜨인 것은 석벽에 걸린 단테의 토르소가 아니라 누군가 갓 붙인 것 같은 풀기 머금은 한 장의 흰 종이였다. 그 속에는 유리딱새 같은 오종종한 새 한 마리가 그려져 있는데 금방이라도 물기를 털며 뛰쳐나와 관목 사이로 숨어들 것만 같았다. 새의 크기와 색깔이며 연락처와 그동안 주인이 불렀던 이름까지도 꼼꼼히 적혀 있는 것으로 보아 잃어버린 새를 찾는 내용으로 짐작되었다. 그 신선한 충격에 나는 한동안 말을 잃었다.

없어진 것에 대한 미련은 남게 마련이다. 날아가 버린 새를 어디 가서 찾는다는 말인가. 주인은 새를 찾기 위한 마음으로 종이를 붙이지는 않았을 게다. '심우도' 속의 수행자가 인간 본성을 찾아가

듯이 '신곡'에서 잃어버린 자아를 찾는 단테를 닮고자 행한 일이라 여겨진다. 단테가 베아트리체를 잊지 못해 밤마다 어루만졌던 석벽에서 어떤 이는 날아가 버린 새의 온기를 그리워하고 작은 나라에서 온 여행자는 한동안 영감靈感의 새를 찾아서 서성거렸다.

 새들의 소리를 들으면 마음의 귀가 열린다. 바다의 산책길에서 만나는 흰하늘새가 매일 아침마다 심상을 두드리는 소리를 들려주지만 나는 그것을 잘 듣지 못한다. 늘 설익기만 한 내 글에는 아직도 고향의 울림과 새들의 소리가 절반도 담겨있지 않다. 하지만, 새를 통해서 글에 눈을 뜨고 또 다른 마음의 울림을 들을 수 있다면 미조迷鳥를 찾아나서는 힘겨운 길몰이를 마다하지 않으려 한다.

 하늘을 올려다본다. 그러나 새에게는 길이 없다.

제3부
풍경이 운다

바다에서 강물을 만나다 • 도깨비를 손에 쥐고
그대, 잘 있는가 • 풍경이 운다 • 봉분 없는 비
자유, 그 불멸의 이름 • 겨울 소리 • 바람의 현絃

바다에서 강물을 만나다

　오륙도 선착장에서 누운 바다를 본다. 수평선에 기댄 바다는 초록 섬들을 보듬고, 그 섬들은 어깨로 파도를 다독이고 있다. 여객선 한 척이 빗금을 긋고 가니 바람이 밀려와 물이랑을 만든다. 파도의 장단에 몸을 싣고 낮게 낮게 내려오는 저 물살, 바람결 따라 흐르는 저 물결 소리.
　귀에 익다. 들은 적 있다. 바다를 향해 가장 낮은 물길을 쫓아온 저 물살은 본디 강물이었을 터. 바다에서 강물을 본다. 구불구불 흐르는 개울물 소리를 듣는다. 그 소리를 거슬러 오르면 오래전 바다였던 옛 땅을 만나게 된다. 바다 속의 섬이 있듯이 들판 속에 묻힌 바다가 있다. 바다가 아니라도 파도가 잠든 곳, 모래벌판이 없어도 조개더미가 밟히는 곳. 그곳이 내 고향 마을이다.

나는 김수로왕이 여뀌 잎처럼 좁은 땅이지만 길한 곳이라고 지목한 김해의 한 외진 마을에서 태어났다. 금관가야 시절 김해평야가 바다였다는 기록이 아니어도 고향 마을 이름을 읊조리면 언제나 물결 소리가 들리곤 한다. 내 고향은 행정상 지명보다는 새내마을 혹은 쇠내마을이라는 구전 이름으로 더 많이 불렸다. 간혹 농한기가 되면 동네 사람들이 모여앉아 마을 이름의 유래에 대해 가벼운 논쟁을 벌이곤 했다. 논길 옆의 샛강 역사가 오래되지 않아 '새내'라는 측과, 강이 소의 냇물이니 '쇠내'라든가, 강물에 염수가 끼여 토질이 쇠 같으므로 '쇠내'라는 등의 주장이 오갔지만 결론은 언제나 흐지부지되었다. 아무래도 나는 좋았다.

장마철만 되면 읍내 아이들이 "새네, 새네, 비가 새네." 하며 놀리던 '새네'도 괜찮았다. 바다의 흔적은 인근 마을의 이름들에도 고스란히 남아 갯내음을 풍긴다. 남으로는 녹두처럼 작은 섬인 녹도에서 유래한 '녹산蔍山'이 펼쳐졌고, 서쪽에는 똥매마을로 불리던 덕지도의 새 이름 '송산松山'이 우뚝 솟아있었다. 지평선 끝자락에 보이던 종소리가 나는 섬 '명지도鳴旨島'에서는 해조음이 울리는 듯했고, 댓섬이던 '죽림竹林'과 낙동강이 바다에 걸쳐 있던 옛 무인섬 '가락동駕洛洞'까지 정겹지 않은 곳이 없었다.

사방은 논이었다. 어둠살이 쳐지면 지평선이 커다란 원을 그리며 내려앉았다. 그때 즈음 논 한가운데 우뚝 솟은 송신탑이 불을 밝혔다. 빨간 불빛은 빈 허공에 점을 찍듯 세 군데에서 번갈아 깜박였다. 밤하늘의 별들 아래 수직으로 떨어지던 붉은 불덩이. 오래도록 쳐다보고 있으면 까닭 없이 고독해져서 눈이 시렸다. 송신소 불빛을 우리는 들판의 등대라 불렀다. 어릴 적 나는 그 등댓불을 보며 아버지의 늦은 귀가를 기다리고, "이바구 떼바구 강떼바구……"로 시작되는 어머니의 무서운 옛이야기 소리와, 보릿대로 태우는 매캐한 모깃불 연기를 맡으며 잠들곤 했다.

바다에 가지 않고도 바닷물을 만나던 시절이었다. 내가 초등학교 4학년 때 처음으로 동네에 공동 수도가 놓였다. 수도가 생기기 전에는 윗동네 길모퉁이에 식수로 쓰는 단우물이 하나 있었는데, 지금도 눈 감으면 우물물을 긷고자 서 있던 긴 줄이 문풍지에 비친 그림자처럼 아른거린다. 물론, 우리 집 근처에서도 몇 번이나 우물을 팠으나 그때마다 짠물만 솟았다. 짠 우물물은 평소에 허드렛물로 사용했는데 손이 시리도록 차가워서 수박이나 참외를 담가 두거나 등목을 하며 더위를 식혔다. 바다는 땅속에서도 본성을 지켜내고 있었다.

당시 마을 앞 샛강에는 재첩을 실어 나르는 나룻배가 갈대숲을 헤치며 들어왔다. 동네 아낙들은 대부분 그 재첩을 받아 장사를 했다. 내 어머니도 예외가 아니었다. 새벽녘이면 재첩국을 담은 양철 동이를 이고 안개가 휘둘린 두렁길을 걸어 읍내로 장사를 나갔다. 그때의 재첩 알은 어찌나 굵고 쫀득했는지 씹는 맛이 일품이었지만, 그보다 더 잊지 못하는 것은 파란 강물 같은 재첩 국물의 물빛이다. 마치 강물을 떠서 옮겨온 듯 투명했고, 푸른 하늘이 내려앉은 것처럼 맑고 고요했다. 지금도 나는 밥상 위에 재첩국이 오르면 선뜻 숟가락을 들지 못한다. 낡은 짐자전거 위에 재첩 자루를 싣고 오던 아버지의 구릿빛 얼굴, 무쇠솥 가득 뜨겁게 뿜어내던 비릿한 재첩 내음, "재칫국 사이소." 외치며 발품을 팔던 어머니의 여윈 목소리. 다시 볼 수 없는 풍경으로 남았다.

세상의 빈칸이 바다이듯이 내 마음의 여백은 온통 유년의 기억이다. 어른이 된 후에도 꿈을 꾸면 흙담이 있는 고향 집으로 단숨에 달려간다. 언젠가 고향 집이 있던 집터를 찾아가 섧게 운 적이 있는데, 꿈속에서도 갈대가 부비는 집 앞 개울이 나타나면 꺽꺽꺽 목이 메도록 잘 운다. 그래서 나는 꿈이 반대라는 속설보다 꿈은 현실의 그림자라는 생각을 곧잘 한다. 돌이켜보면 가난했지만 내 생애에 가장 행복했던 순간이 그때이다. 이제 옛집은 없어지고 지도에는 반듯한 새 길이 그어졌다. 늙은 부모님 목소리도 다시는 들을 수 없다. 그래서 슬프고 더욱 그립다.

어느새 오륙도 밭섬의 등대가 불빛을 내고 있다. 내 기억의 들판

송신탑에도 불이 켜진다. 파도 소리, 귓전에서 부딪힌다. 개개비가 발을 담갔던 고향의 샛강 물소리가 들린다. 재첩 국물 같은 파란 강이 바닷속으로 흘러들어온다.

도깨비를 손에 쥐고

 퉁방울눈을 부라린다. 주먹코를 씰룩거리니 함지박 같은 입속의 뻐드러진 송곳니가 드러난다. 치켜진 수염이 당당하고 쩍 벌린 발끝에서조차 기운이 솟는 듯하다. 요기를 뿜은 장비처럼 범접할 수 없는 기품이 실려 있지만 불룩한 젖가슴의 힘 준 꼭지에 눈길이 닿으면 누구든 엷은 웃음을 물게 된다. 도깨비무늬 벽돌이 익살스러운 매력을 풍긴다.

부여 박물관에는 여덟 개의 무늬전돌이 전시되어 있다. 도깨비 문양도 두 점 섞여 있는데 모두 사비시대 절터에서 옮겨온 것이다. 사각 모양의 네 귀퉁이마다 홈이 파인 것으로 보아 벽돌을 엮어

만든 장식품 걸개가 아닐까 추측된다. 그중 내 발길을 멈추게 한 것은 연대귀문전이라고 불리는 연꽃도깨비무늬 벽돌이다. 풍만한 몸체를 떡하니 버티며 활짝 핀 연꽃 위에 발을 딛고 선 형상이 예사롭지 않다.

  옛사람들은 도깨비를 가까이 두었다. 장승은 물론 수막새와 서까래에 문양을 새기고 무기고의 문짝과 쌀통에 붙였으며 비석과 계단석에도 도깨비를 앉혔다. 오늘날에는 도깨비 형상의 치우장수를 본뜬 응원 군단까지 만들었다. 그러한 도깨비는 지붕에 걸터앉아 천하를 호령하고, 문지기로서 집안과 마을의 삿됨을 물리치고 신성한 사찰을 보살폈다. 꺾을 수 없는 위용으로 벽사(辟邪) 역할을 충실히 해온 셈이다.

  도깨비가 상서롭게만 표현된 것은 아니다. 두 눈 사이로 쇠못이 박히고 소용돌이 수염도 깎인 채 지옥 옥졸이나 금강역사로 좌천되기도 했다. 도깨비 형상을 바꾼 것은 사람 마음이 치졸한 탓이 아닐까. 자신에게 패악을 부리지 않아도 대중의 인기가 높아지면 슬며시 깎아내리는 게 인간이 가진 심술이라 여겨본다. 하지만 도깨비는 마냥 꼿꼿하다. 날카로운 이빨 사이로 능청스러운 웃음을 띨 뿐, 이매탈 같은 선한 표정으로 이웃들을 다독여오고 있다.

  그만큼 탄생설화도 순박하다. 사람들이 버린 몽당비나 도리깨와 절굿공이에서 생겨나 뒷간이나 빈집같이 허름한 곳에 산다고 한다. 메밀묵과 막걸리에 사족을 못 쓰고 노래와 춤을 즐기는 심성은 사람이나 다름없다. 내 어린 시절에는 외다리 도깨비를 '한 다리 김 서방'이라고 불렀다. 도깨비들은 우직하여 아는 성이라고는 김씨밖에 없다고 한다. 같은 성을 가진 나로서는 먼 친척 아재처럼 만만하게 생각한 적도 있었다.

도깨비에게는 어리숙한 면이 더 많다. 수탉 울음이나 개암 깨무는 소리에 화들짝 놀라 도망가는 것만 보아도 알 수 있다. 흉을 보거나 시기하는 것을 싫어하고 빌린 것을 갚을 줄 안다. 잘 사귀면 신통력으로 금은보화를 안겨주거나 기적 같은 도움을 주기도 한다. 장난이 심하고 씨름을 좋아하지만 꾀가 없어 번번이 지는데 낙담하지 않는 천성을 가졌다. 그나마 희번득한 도깨비불을 켜고 제대로 간수도 못하는 방망이라도 지녔기에 체면치레는 할 수 있다. 무엇보다 호락호락한 상대가 아니다. 뻔뻔한 악인을 호리거나 곯려주며 진실하지 않은 사람은 철저히 응징한다.

이러한 도깨비는 팔도에 걸쳐있다. 아리랑처럼 유래도 많고 모습과 별칭도 다양하다. 그러나 백제 연꽃도깨비는 여느 도깨비와 확연히 다르다. 볼수록 다이내믹한 캐릭터다. 시시각각 표정과 형상이 바뀐다. 금방이라도 벽돌에서 뛰쳐나와 어깨걸이를 해줄 듯하다. 양어깨에 힘을 준 채 상체를 기울인 모습에서는 무대 위 보디빌더나 다름없고 탄탄한 허리 근육과 허벅지를 보면 천하장사 타이

틀을 거머쥔 씨름선수 같아 보인다. 꼼지락거리는 발가락의 율동에서는 K-pop을 부르는 아이돌 가수가 연상되고 연꽃을 디디고 선 유연한 몸짓은 영락없는 근육질의 남성 무용수다. 어린아이들 눈에는 마징가제트나 태권브이 같은 로봇 장난감을 떠올릴 수도 있겠다. 짓궂으면서도 위엄 있고 험상궂다가도 싱겁고 우스꽝스럽다. 인간이 나타낼 수 있는 모든 감정과 표정이 녹아있는 듯하다.

그 백제의 미소가 벽돌 속에 담겨 있다. 우럭진 얼굴을 향해 쨍긋 눈웃음을 지어 본다. 그도 따라 히죽이 입을 벌리더니 이내 커다란 젖퉁이를 들썩이며 호탕하게 웃는다. 웃음으로 재앙을 달래고 웃음으로 화를 주춤거리게 하는 도깨비의 참모습을 보라는 몸짓이다. 도깨비의 기행奇行은 인간을 지키고 복을 가져다주는 일인 것을. 진정한 도깨비놀음은 사람도 도깨비처럼 덕행을 베풀 때가 아닐까.

박물관 기념관에서 연대귀문전 열쇠고리를 하나 골랐다. 도깨비의 힘으로 태평성대가 이루어지기를 염원한 백제인의 징표를 지니고 싶은 마음에서다. 요즈음 나는 그 열쇠고리를 손바닥에 놓고 종종 들여다보는데 그때마다 도깨비의 표정이 달라진다. 내 기분에 따라 울고 웃고 찡그린다. 그러니 이것이야말로 일면만상一面萬像의 귀불鬼佛이 아닐까 여겨본다.

낄. 낄. 낄……. 도깨비 웃음소리가 점점 더 커진다.

그대, 잘 있는가

텅 비어 있다. 그 고요를 깨고 비틀스가 소리친다.
"Hey, Jude, don't make it bad~"

대학가 뒷골목에 있는 카페 라디오. 이곳에 오면 잊었던 옛 기억을 떠올린다. 벽면에 기댄 벤허 OST와 제임스 본드 테마 레코드판을 만나고, 멀어져버린 라디오 DJ의 저음을 다시 듣는다. 그러면 나는 단번에 아날로그 시절로 되돌아간다. 음악은 신기하게도 함께 들었던 사람과 그날의 날씨와 그때의 기분까지 되찾게 해준다.

스무 살 때 갔던 옛날 음악다방. 그곳에서 비틀스의 멤버 폴 매카트니의 감미로운 목소리로 'Hey Jude'를 처음 들었다. 순간 소름이 돋았다. 음악이 사람을 감전시키듯 사람에게 전율했던 때도 있었다. 그를 처음 보았던 그 날도 나는 전율했다. 그 떨림의 기억들, 함께 이야기하고 마주 앉았던 눈부셨던 날들이 모두 지나갔다.

비틀스를 처음으로 들은 것은 트랜지스터라디오였다. 어릴 적 아버지의 목침 옆에는 책가방만 한 손잡이 라디오가 놓여 있었다. 밤새 틀어놓은 라디오는 귀에 익숙해져서 크게 잠을 방해하지는 않았다. 뜻도 모른 채 한글로 적어가며 배웠던 팝송들. 그 사각 기계에서 흘러나오던 비틀스의 위력은 대단했다. 산길로 논길로 신작로를 따라 시골 마을 단발머리 소녀들까지 'Yesterday'를 흥얼거렸고 'Hey Jude'를 소리쳤으며 존 레논의 죽음에 슬퍼했다. 마을에 전기가 들어오고 카세트와 축음기를 들이던 집들이 늘면서 나의 스무 살도 해를 넘겼다.

이곳 카페 라디오에서 'Hey Jude'를 오랜만에 혼자 듣는다. 벽면에는 오래된 비틀스의 초상이 걸려 있다. 종이 판화에 새겨진 비틀스 멤버들을 보기만 해도 로큰롤 음악이 내 귀에 가득 고인다. 지중해 해안선 같은 눈매를 가진 칠순의 라디오 DJ가 30cm LP 음반을 바꾸어 돌린다. 평생을 음악과 함께한 그는 정년퇴임 후 조그만 이 카페를 차렸다. 많이 늙어 있었고 라디오 진행자였음에도 불구하고 말투는 생각보다 어눌했으며 목소리는 침묵에 가까웠다. 아니 음악을 내세우느라 차라리 말을 아끼고 있는 듯했다.

그가 나직이 비틀스는 자신의 삶이라고 이야기한다. 내게 있어 비틀스는 어쩌다 찾게 된 옛집의 바람 냄새와 같다. 하얗게 빨래가 흔들리던 마당에 서성이면 옛 기억들도 내 마음줄에서 조용히 흔들린다. 담장이 있던 자리가 새 길로 메워졌듯이 잠시 머물다 간 옛사랑은 그늘조차 남아 있지 않다.

'Hey Jude'

나에게 한때 주드였던 그대, 잘 있는가.

풍경이 운다

풍경을 단 그 대문, 어디선가 본 듯 낯이 익다. 언제부터인가 나는 낯선 여행길을 걷다가 키 높은 대문에 걸린 풍경을 만나면, 발길을 멈추고 오래도록 올려다보는 버릇이 생겼다.

내가 이곳 성주의 북비고택을 찾게 된 것은 종택의 유명세보다 종손의 기구한 삶에 이끌려서다. 지금까지 이 댁에 3대 양자를 들였다는 종가 가족사를 우연히 알게 되었는데 현재 종손 역시 종자 종손이 아니다. 열네 살에 후사가 없는 큰집에 양자로 들어와 종통을 이었다. 하지만 그는 종가에 적응하지 못하여 지난 사십여 년간 학업과 직장을 좇아 도시생활을 고집해 왔다. 그러다 느지막이 종택으로 귀향한 것은 외아들을 종가에 바친 생가 부모님의 뜻이 헛되지 않게 하려는 마음에서라고 한다.

그 종손의 삶이 내 가슴에 지저깨비처럼 붙어 있는 아린 기억을 들춰낸다. 양자라는 단어에서는 언제나 겨울바람 소리가 난다. 그해 동지는 유난히 추웠다. 정오를 알리는 사이렌 소리와 함께 전깃불도 없는 시골 외딴집에서 사내아이의 첫 울음이 들렸다. 그러나 당연히 기뻐해야 할 부모는 걱정이 앞섰다. 갑작스레 병마를 맞은 지아비와 힘겨운 재첩 장사를 하던 지어미에게 주어진 새 생명은 감내하기 어려운 현실과 맞부딪쳤다. 일곱 살 딸과 돌 지난 아들도 버거운 삶이었다.

가난한 부모는 힘든 결정을 내렸다. 젖을 뗀 어린 자식을 손이 없는 종갓집에 양자로 보내기로 했다. 들 너머 마을까지는 시오리 길이 이어졌다. 발걸음을 옮기는 무거운 소리를 쫓아 철없던 소녀가 연방 재잘대었지만 어머니는 말이 없었다. 뒤를 돌아볼 때마다 여린 달빛만이 살얼음이 비친 강물 위를 오롯이 따라오고 있었다.

생모의 품에 안긴 사내아이의 숨소리는 작았고 솜이불에 싸인 얼굴은 고요했다. 나는 몇 번이고 풋솜처럼 하얀 이마를 들춰보며 작은 얼굴을 두 눈에 꾹꾹 눌러 담으려 애를 썼다. 그날 걸었던 논두렁길의 곡선과 두렁풀 내음은 오랫동안 몽환처럼 피어올라 나를 어지럽혔다. 가끔은 아이를 받아 안던 젊은 부인의 짧은 숨소리가 들려오는 환청도 일었으나 무엇보다 잊을 수 없는 것은 솟을대문에서 울리던 풍경 소리의 여음이다.

친자식을 다른 집에 보내야 하는 부모의 마음은 어떨까. 생부모 곁을 떠나 양자로 살아야 하는 심정은 더욱 어떠할까. 이제 사십 년도 훌쩍 지난 이야기가 되어버렸다. 그 가난했던 부모도 이 세상을 떠난 지 오래다. 더군다나 어릴 적 기억은 선명하지 못하여 나는 그날 걸었던 그 길의 풍경을 절반도 기억해내지 못한다. 어른이 된 후 몇 번이나 솟을대문 집 풍경 소리를 찾아서 인근 마을을 배회하였지만 끝내 알지 못하였다. 지금도 간혹 종갓집 양자 이야기가 들려오면 불원천리 달려가고픈 심정으로 가슴이 뛴다.

부모라면 누구나 제 자식만으로 혈통이 이어지기를 원한다. 그래서 이 집안에서도 양택의 묘방을 따르기도 했다. 변소의 위치를 사랑 부엌 옆으로 옮기면 종손에게 아들이 태어난다는 속설을 실행해 본 것이다. 하지만 이러한 노력에도 종손의 장남은 아들을 두지 못했다. 종택 예법으로는 차남의 아들을 장남에게 양자로 보내는 것이 당연하나 그는 더 이상 양자 들이는 일을 허락하지 않는다고 한다. 변화된 시대에 맞게 종가의 관습을 바꾸는 일이 얼마나 힘겨운 결정일까.

그러고 보니 모든 것이 예사롭지 않다. 팔순을 바라보는 종택 주인은 축문을 한글로 바꾸고, 봉제사를 줄이고, 분묘 대신 가족

납골묘를 만드는 중이다. 조부의 장례식에 참석한 조문객을 맞이하느라 평생 빚더미에 시달린 생부를 생각하며 시대에 뒤진 종택의 관행을 고치려 결심한 일이라고 한다. 이것이 종갓집의 허세와 체면은 벗되 전통과 품격은 지키려는 온고지신의 본모습이라 여겨진다.

 아쉬운 발길이 낡은 문 앞에 멈추었다. 솟을대문 처마 끝에서 푸른 색 얼룩무늬 풍경이 운다. 멀어지는 풍경 소리가 가슴에서 저문다.

봉분 없는 비

반월성 모양의 소나무가 넓은 잔디밭을 에워싸고 있다. 비스듬하게 자리 잡은 터에는 십여 기에 가까운 무덤이 옹기종기 마주한다. 마치 오랜 세월이 지나도 품은 이야기를 다 드러내지 못한 듯 수런거리는 소리가 바람 따라 들려온다. 그중 야트막한 봉토 앞에 고고하게 서 있는 오랜 비석 하나가 눈에 들어온다. 망우당의 공적을 기리는 비석이다.

"예장을 하지 마라. 내 묘에 봉분을 만들지 말고 나무도 심지 말라."

단호한 유언이다. 그 뜻에 따라 평장平葬을 하고 장식 없는 작은 묘석만 세웠다. 멀찍이 둘러싼 소나무만이 오롯하게 선 비석을 지켜내고 있다. 훗날 고을 현감이 드러날 듯 말 듯한 얕은 봉분을 올렸다고 한다. 장군의 공적에 조금이나마 예를 갖추려는 충심의 몸짓이 아니었을까.

 무덤을 높이지 말라는 유시는 죽어서라도 적병의 손이 범치 못하게 하려는 뜻이었지 싶다. 그러나 진정한 속내는 전란으로 지친 백성이 봉분을 쌓기 위해 흙을 운반하는 노고를 조금이라도 덜어주기 위함이 아니었을까. 죽어서라도 백성을 생각하는 마음에 저절로 고개가 숙여진다.

 돌의 고향은 산이다. 석수장이는 산에서 돌을 캐서 여러 모양을 만들어 낸다. 돌의 출생지는 산이지만 무엇이 되느냐에 따라서 정원이나 마을 입구에 자리하기도 하고 들판이나 광장에 세워지기도 한다. 그래서 사람들로부터 사랑을 받기도 하고 반대로 마을을 지켜주기도 하며 때로는 사람들의 우러름을 받기도 한다. 운이 좋아 마을을 지키는 천하대장군 같은 돌장승이 되면 주민들이 오다가다 재물을 얹어줄 것이다. 나아가 종교적 신앙이 되면 사람들은 그 앞에서 허리를 굽히기도 한다. 봉분 앞에 선 비석은 대대손손 자식들이 찾아오기도 하지만 봉분도 비문도 없는 돌이라면 세월의 푸대접을 받기 마련이다. 그러나 이 봉분 없는 비석은 진실로 위대하고 훌륭하여 굳이 무덤을 필요로 하지 않는다.

'호사유피인사유명虎死留皮人死留名'이라는 말이 있다. 큰 봉분과 화려한 비석이 아니어도 의로운 사람은 이름만으로도 후세에 알려진다는 가르침이다. 나라가 위태로우면 영웅이 나타난다고 한다. 우리나라 역사를 둘러봐도 그런 경우가 적지 않다. 고려 시대의 명장 강감찬은 귀주대첩 때 용맹과 지혜로서 거란족을 통쾌히 물리쳤지 않는가. 하지만, 천 년이 지나고 나서야 지석으로만 남아 있던 그의 묘를 발견하여 분묘를 만들고 비를 세우기도 했다. 이토 히로부미를 저격한 안중근 의사는 지금까지 무덤마저 알려진 바 없다. 그들의 용감한 의거는 솟은 봉분으로 표현되는 것이 아니라 후세 사람들의 입을 통하여 전해진다.

홍의장군에겐 화려한 무덤은 없으나 역사책이라는 단단한 비석을 갖고 있다. 무덤은 흙으로 쌓여지고 역사는 활자로 돋우어진다. 보통 사람들은 죽어서 흙 속으로 돌아가지만, 장군과 같은 시대의 인물은 활자 속에서 되살아난다. 이처럼 역사라는 비석은 세월의 풍우에도 사라지지 않는다. 오히려 역경과 시련의 바람이 거세질수록 업적은 더욱 힘을 얻어간다. 임진왜란 때 장군은 전국에서 처음으로 의병을 일으켜 휘하에 17명의 장수와 수천 명의 의병을 거느리고 왜병의 침공을 막았다. 붉은 옷에 백마를 타고 정암진 등의 전투에서 신출귀몰하는 용맹으로 왜적의 전라도 진출을 막아냈다. 그만큼 그분의 공적은 역사의 향기로 가득 찬다.

비석 주위를 천천히 돌아본다. 간신히 내 무릎 위에까지 올라오는 높이다. 허리를 굽혀 두 손으로 그 비석을 조심스레 쓰다듬었다. 장군이 나무도 심지 말고 봉분도 만들지 말고 오직 표지석만을 세우도록 허락한 까닭은 무엇일까. 무덤 주위의 나무는 세월을 따라 더욱 자라게 될 터이고 후세인들은 고개 들어 올려다볼 것이다. 아무렴 장군의 봉분이라면 틀림없이 높았을 것이고 그 또한 머리를 치켜들어야 할 게다. 그러나 돌비석은 오랜 세월이 흘러도 자라거나 줄어들지도 않고 오직 그 키대로 세월을 견뎌낸다. 나라와 민족을 위해 싸우는 마음은 호기와 권세를 부리는 것이 아니라 허리를 굽혀 봉사하는 불변의 마음이 아닐는지. 작은 비석 속에 담겨 있는 그 뜻을 되새겨본다.

문득 고구려 시절의 광개토대왕비가 떠오른다. 고구려를 강국으로 만든 광개토대왕마저도 자신의 업적을 큰 돌에 새겨 후세에 남겼다. 하지만, 그 비도 일본인에 의해 훼손되고 왜곡되었다. 그것과 비교하니 겉으로 보기에는 초라하고 보잘것없는 묘석이지만 홍의장군의 비가 더 크고 위대하다는 생각이 든다. 광개토대왕은 왕이라는 신분을 타고났으나 장군은 낙향한 일개 서생으로서 자신의 재산을 털어 의병을 일으켰다. 그런 점에서 보면 진정한 위인은 홍의장군이다.

오늘날의 사람들도 자신의 업적을 보여주고 싶어 한다. 스스로 문학비를 만들고 기념관을 짓고 휘호석을 설치하며, 사후에 후손들은 묏자리를 명당으로 이장하고 호화 묘를 만들고 비싼 묘비석을 세우기도 한다. 하지만 그들은 결코 진실되고 겸손하고 정의로운 인물은 아닐 것이다.

  여름 무더위가 기승을 부리던 날, 나는 그분의 행적을 따라 이곳에 왔다. 무덤이 있는 곳이 충렬의 귀향지라 여겼기에 유택을 찾지 않고는 충절을 알 수 없다고 생각하여 달성의 묘비까지 오게 되었다. 묘지 입구에 커다란 배롱나무 두 그루가 붉은 꽃을 피워 올리고 있다. 우직한 장수의 붉은 단심이라 여겨본다. 마침 붉은 고추잠자리 떼가 호위병 마냥 묘비 주위를 빙빙 돈다. 발길이 쉬이 떨어지지 않는 오후다.

자유, 그 불멸의 이름

　자유라는 말은 석고상 같은 사람의 가슴도 흔든다. 그 소리는 우물 속 두레박이 부딪힐 때처럼 명징하여 겁 많은 이들의 손을 잡아주고 장벽에 갇힌 자에게는 벽을 허물어 준다. 자유가 안내하는 길을 따라가면 삶이 얼마나 도전적인지, 트인 세상은 얼마나 멋진 곳인가를 알려준다.

　한때 많은 것을 잃었다. 부모를 한꺼번에 잃고, 가진 돈이 바닥나고, 운영하던 학원이 넘어갔다. 믿었던 사람도 흔들렸고 절망으로 심신이 무너졌다. 아무것도 하지 못한 채 한동안 누에고치처럼 나직이 엎드려만 있었다.

나약해질 대로 나약해진 마음을 추스르고자 강화도에 있는 지인의 빈집에 한 달간 머물게 되었다. 강화도의 맹추위가 나를 방 안으로 가두면서 무료해진 나는 방 한켠에 꽂혀 있던 여남은 개의 비디오테이프를 모조리 돌려서 보았다. 그때 처음으로 본 '희랍인 조르바'에서 카잔차키스와 크레타 섬을 만났다. 해변에서 춤을 추는 조르바의 모습에서 내 마음은 안정과 자유를 되찾았다. 사람들을 만나고, 일을 시작하고, 아이를 키우면서 나는 세상 밖으로 나왔다. 그리고 조르바는 자연히 잊혀졌다.

그러다 어느 여름날 우연히 중고서점에서 활자로 된 조르바와 다시 조우하게 되었다. 책을 읽는 동안, 크레타 섬은 나에게 긴 상상의 끈을 만들어 주었다. 일본 작가 무라카미 하루키가 이 책을 읽다가 불쑥 크레타 섬으로 여행을 떠났듯이 나 또한 크레타 섬으로의 여행을 꿈꾸게 하였다. 카잔차키스에게 있어서 크레타가 "한 번 부르면 가슴이 뛰고, 두 번 부르면 코끝이 뜨거워지는 영혼의 섬"이라면, 내게 있어 크레타는 "카잔차키스가 있어 가슴이 뛰고, 조르바가 있어 코끝이 뜨거워지는 자유의 섬"이 된 것이다.

카잔차키스가 평생토록 자유라는 두 글자를 품은 이유는 태생적이 아닐까. 그는 그리스인이기에 앞서 크레타 사람으로 불리길 좋아했다고 한다. 그가 태어날 당시 크레타 섬은 터키의 지배에 놓였으므로, 험악한 전쟁의 분위기가 자유를 갈망하게 했을 것이다.

터키 혁명군에게 교수형을 당한 조부의 죽음을 두고 "누가 죽였나요?"라는 그의 질문에 그의 아버지 역시 "자. 유."라는 답변을 하지 않았는가. 그러한 자유는 도피가 아니라 새로운 영토로 진입하는 것, 용기와 희망을 품게 하는 것이라고 믿는다.

카잔차키스에게 인간미가 느껴지는 건 작고, 하찮고, 보잘것없고 소외된 것들에게도 관심을 가지는 부분이다. 씨앗 하나, 꽃이 진 나무, 냉수 한 컵…… 발길에 차이는 돌멩이 하나까지도 그는 생명을 불어넣고 말을 건넨다. 그러한 말이라면 어찌 진중하지 않겠는가. 생전에 그가 마련해 둔 묘비명이 그의 무덤에 새겨졌다.

"나는 아무것도 원치 않는다.
나는 아무것도 두려워하지 않는다.
나는 자유이므로."

그가 부르짖은 '자유'는 내게 있어 '치유'이다. 아픈 생을 이겨내게 했으니까 절망마저 그리움으로 녹여주었으니까 내가 더 큰 세상을 향할 수 있도록 꿈의 씨앗을 여물게 했으므로. 비로소 깨닫는다. 자유란 모든 것을 잃고서야 찾을 수 있다는 것을.

지금도 나는 크레타 섬으로 향하는 끈을 당기고 있다.

겨울 소리

하늘에 빗금이 그려진다.

수리새 한 마리가 태양을 향해 솟아오른다. 커다란 날개를 바람에 내맡긴 채 가끔씩 물결치는 몸짓은, 인간이 아무리 많이 가져도 자신보다 행복하지 않음을 보여주는 듯하다. 문맹을 깨쳐 만물을 다스린다 하나 두 발로 무겁게 디디는 한, 마음껏 자유로울 수는 없는 일이다. 새들은 가벼운 깃털의 흔들림만으로 하늘을 온통 차지하니 어찌 물질로 행복을 저울질할 수 있을까. 어떤 것에도 얽매이지 않는 새들의 비상이 부럽기만 하다.

더 가까이에서 새들의 군락이 보고 싶어졌다. 서쪽으로 제법 기울기는 했으나 남은 햇살은 충분했다. 고속도로를 여기저기 달리면서 지나쳤던 산들을 곰곰이 생각하니 새들의 모습이었다고 여겨진다. 단풍으로 불이 붙은 늦가을 가지산은 청둥오리들의 군무였고, 동학사에서 본 겨울 계룡산은 타버린 재로 덮인 양 금방이라도 휘파람새를 날려 보낼 기세였다. 지난해, 차창 밖으로 지나쳤던 화왕산은 한 마리 도요새마냥 잔설로 물기 머금은 기운을 뿜어내고 있었다. 산처럼 들도 새를 맞이하는 뜨락임은 마찬가지다.

인적이 드문 우포늪은 자연의 소리로 광활하다. 바싹 마른 갈댓잎은 겨울바람으로 몸을 비비고 작은 물떼새들은 종종거리며 자맥질하고 있다. 고개를 낮춰 귀를 기울이면 늪의 수생식물 숨소리마저 들려오는 느낌이다. 저 멀리 쪽지벌에서 '홋호홋호' 하는 고니의 외침에 기러기 떼가 '과우우우' 답하며 깃털을 털기 시작한다. 박자 없이 소리치는 새들의 울음소리가 승전보를 안고 오는 군사들의 함성을 닮았다. 닫힌 마음에서 모처럼 시원스레 회오리바람이 인다.

울음소리. 나도 저 새들처럼 한때 무척 소리를 질렀다. 격정에 사로잡혔을 때, 실패에 대해서 발 동동 구르며 안타까워 고함치고, 억울함에 대해서는 분노로 대들었다. 뜻밖의 이별에 대해서는 세상을 향해 서러운 통곡을 하였다. 그 시간들도 세월에 묻히는 운명을 지녔는지, 이제는 숨비 소리가 가슴에서 낮게 들려올 뿐이다.

탐조. 서두르지 않고 지그시 겨울 철새들을 바라본다. 새를 살피는 일이란 원시시대를 만나는 길이다. 나는 두 손에 갈돌을 든 유목인이 되어 중생대 시기에는 호수였을 늪둑을 따라 천천히 걷는다. 청둥오리 떼들이 귀향을 위해 몸을 키우느라 뻘흙 속에서 먹잇감을 찾고, 풀씨를 찾는 쇠기러기들은 발자국을 부지런히 남긴다. 가끔씩 무리에서 벗어난 서너 마리가 북녘 고향을 응시하기도 한다. 새를 살피다 보면 내 발이 오래 그 자리에 박혀 있으면 싶다.

출현. 은빛 털을 가진 큰고니 한 마리가 갈대 사이로 모습을 드러낸다. 늙은 소나무 사이로 비친 석양을 등에 업고 외발로 곧추선 자세에서 생명의 기운을 전해 받는다. 저 새도 혹한기를 피할 시베리아를 꿈꾸겠지. 상처로 얼룩져도 돌아갈 고향이 있다면 그나마 다행한 삶이다 싶다. 그러지 못한 처지라면 고향이라는 말만 들어도 휑한 바람이 일 게다.

몇 해 전의 일이다. 새내기 운전자가 되어 이십 년 만에 고향 마을을 찾았다. 예전의 마을이었던 들판에는 넓은 도로가 뻗어 있고, 유년시절의 사람들과 동네 집들은 사라진지 오래였다. 둑방길을 따라 한참 걸어가니 조그만 집터가 나왔다. 나온 게 아니라 외딴집 흔적을 가까스로 찾아낸 것이다. 흙덩이 사이로 땅을 밟아보았다. 마당에 그림자를 드리우던 무화과 잎사귀가 흔들리는 환영이 비쳤다. 이따금씩 얼룩무늬 비비새가 쉬어가던 작은 개울과 닭

무리가 놀던 갈대숲 자국도 조금은 남아 있었다. 하지만 그들의 소리들은 온데간데없었다.

무엇보다 아쉬운 소멸은 초가집 추녀에 달린 제비집이다. 비가 내리는 날에 어미 새는 새끼 제비를 위해 좁은 제비집에 들어가지 않고 전깃줄에 앉아 비를 흠뻑 맞았다. 그러고 보니 어머니도 비가 오면 늘 부엌으로 나가서 시간을 보냈다. 휑한 제비 모습에 철없는 자식들만 남겨두고 삼십 년 전에 떠난 부모님이 겹쳐지면서 가슴이 후루룩 비로 젖는다. 부모가 되는 일은 온몸을 적시는 희생이라던 어머니의 말이 자식을 키우면서 비로소 제비 소리와 함께 떠오른다.

갈대 사이로 보이는 세상이 편안하다 하면서 두어 시간을 앉아 있었다. 겨울 소나무 사이로 비치는 여린 석양이 따스하다 느끼면서, 구름 사이로 휘이휘이 나는 저 새들을 닮고 싶다 하면서, '엘 콘도 파사'를 조용히 흥얼거려 본다.

인간은 날지 못하는 새다. 마추픽추를 떠날 수밖에 없었던 고대 잉카인들도 사신이 새였으면 하고 바랐을 것이다. 살던 곳을 잃고 쫓겨난 콘도르처럼 나 또한 겨울 철새의 무리에서 뒤처진 한 마리 새가 아닐까 싶다. 씁쓰레한 마음을 피하듯 고개를 내리니, 물속에는 깃털을 드리운 내 그림자가 이미 반쯤 흔들리고 있다.

늪 가장자리에서 겨울 풋바람이 매섭게 밀려온다. 얼마 후면 저 새들도 귀향할 게고 새 울음으로 충만한 저곳은 한동안 정적의 늪으로 남을 게다. 하지만 봄이 되면 남쪽에서 날아온 도요새들이 두런거리며 한철 집을 짓기 시작할 게다. 빛살을 맞은 연녹색 매자기 군락 안으로 논병아리들도 오종종 몸을 드러내고, 왜가리가 골풀 사이로 의연한 자태를 한껏 뽐내면 다시 늪은 활기를 돋우리라.

늪은 매년 침묵으로 새들을 기다린다. 불현듯 내 고향도 언제나 그곳에 자리매김하고 있다는 생각에 갑자기 발걸음이 급해진다. 멀리 고향마을에서 훈김이 뭉클 불어오는 듯하다. 겨울 저녁의 우포늪이 다시 활기로 꿈틀대기 시작한다.

이제 비·상·이·다.

바람의 현 絃

 나무가 허물을 벗는다. 조락의 계절을 못 이긴 둥치가 연어 비늘 같은 껍질을 떨어뜨리며 민둥한 속살을 드러낸다. 잎은 푸른데 잔설을 휘감은 흰 몸피가 주위의 오죽과 대비되면서 눈을 시리게 한다. 덩달아 술대를 스치는 바람이 잔가지를 파르르 흔들면서 음색 고운 거문고 소리를 낸다.

지금 내가 우러러보고 나무가 나를 내려다보는 곳은 밀양의 호젓한 남천강변이다. 밀양역에서 한 시간 남짓 에돌아 월연정의 백송을 찾아온 길이다. 첫눈에도 처연한 백송은 세월을 죽이며 누구를 애타게 그리워한 듯 허리가 굽어 있다. 연약한 몸짓은 금방이라도 강물에 몸을 던지려는 듯 위태롭기만 하다. 청령포의 관음송과 예산의 추사 고택에 있는 백송이 반반한 평지에 당당하게 버티고 있다면 월연정 백송은 가파른 석벽에 몸을 간신히 붙인 채 바람을 맞는 형국이다. 강바람은 오죽 차가운가. 그 숨겨진 세월은 얕은 눈어림으로는 가히 짐작할 수 없는 일이다.

흰색에는 고고함이 배어 있다. 백록이 그러하고 백학도 마찬가지다. 백송은 어릴 때 푸른 껍질을 가지지만 수령이 더해지면 하얀 몸피를 지닌다고 한다. 기품 있는 흰머리를 얹은 사람과 마찬가지다. 세월의 덧옷을 입은 성스러운 백발 줄기에서 무명옷으로 수절하는 가녀린 여인의 자태가 떠올려진다. 푸른 솔에 열사의 절개가 깃들어 있고 군자의 덕이 묻어난다면 흰 소나무에는 여인의 향기가 숨어 있겠다 싶다. 나무가 세월 따라 모습을 달리하는 것은 어쩌면 나름의 아픔을 삭이기 때문이라고 여겨진다.

나무도 인연을 만든다. 사람과 사람 사이뿐만 아니라 나무와 사람 사이에도 애틋한 애정으로 맺어진 연緣이 생겨난다. 관음송에 귀 기울이면 단종의 애련이 오백 년을 거슬러 들려오고, 추사백송에 다가서면 김정희 선생의 묵향을 맡을 수 있게 된다. 이곳 월연정 백송은 누구와의 인연을 잊지 못해 잔가지를 흔들어 애잔한 바람소리를 내고 있을까.

백송의 가지 끝이 월연정 팔작지붕을 향하고 있다. 부연 끝이 하늘을 향해 휘어졌고 솟을각이 아직도 꼿꼿하지만 빛바랜 기와지붕과 퇴락한 정자의 툇마루는 늦가을 마른 잎처럼 허하게만 보인다. 회칠이 벗겨진 대들보에는 길손의 손자국이 남아 그나마 매끈한 빛을 낸다. 이끼 낀 돌담 밖에는 동체 굵은 은행나무 한 그루가 옛 시절의 영화를 말해 준다. 그 당당한 정자의 모퉁이에 숨어 있는 백송은 몰락한 가문을 지켜 온 마지막 정절녀랄까. 텅 빈 정자를 지키는 몸새가 차라리 서릿발이다.

나무는 바람의 현이라는 생각이 든다. 봄 살 속으로 파고드는 소소리 바람은 매향을 실어 오고, 첫가을의 골짜기를 따라 이는 서늘바람에는 산구절초 흔들리는 서러움이 담겨있다. 그렇다면 백송은 바람무덤 속에 서 있는 여윈 미라라 하겠다. 바람무덤 속에서 백골송白骨松으로 지금껏 버티는 이유는 그리움을 사리마냥 보듬고 있어서다.

백골송을 닮은 남자를 본 적이 있다. 계룡산 자락에 있는 자연사 박물관에 갔을 때, 눈에 뜨인 것은 물기 하나 없는 배배 마른 몸으로 육백 년 세월에도 쓰니며 꿋꿋안 기새로 머너온 미라였다. 유딥의 미라와 사뭇 달랐다. 고대 이집트 미라가 뇌를 들어내어 생각을 멈춘 채 서느런 몸짓으로 누워 있다면 자연사 박물관에 안치된 천연 미라는 긴 꿈을 꾸고 있는 듯했다.

장작개비 남자가 빈 가슴을 안고 누워 있었다. 학봉 장군으로 명명된 그는 장기가 모두 내려앉아 가슴 부분이 텅 비어 있다고 한다. 수천 병사를 지휘하는 장군으로 냉철한 판단이 필요하였기에 가벼운 감정 따위는 모두 비워 내었는지, 아니면 쇳덩이 같은 고뇌의 등짐에 짓눌려 버렸는지는 알 수 없다. 장군인들 어찌 감정이 없을까. 닿지 못한 인연에 대한 그리움으로 심장이 삭아 버렸을 수도 있겠다. 위장에서 송홧가루의 흔적이 발견되었다니 애절한 그리움이 송홧가루로 남아 육백 년 동안 함께 버틴 것이 아닐까.

잔월이 월연정 돌담 사이로 떠오른다. 달빛이 머무는 연못가에 지어 월연정이라 불리는가 보다. 백송의 야윈 가지가 바람에 흔들리면서 그믐 여린 달이 가지 위에 흰 꽃으로 얹힌다. 은어빛 가지에서 달꽃 터지는 소리가 난다. 골바람이 좀 더 세게 분다면 굽이쳐 흐르는 수면 위에는 꽃 그림자가 가득할 것만 같다. 그러면 솔은 더욱 바람을 반길 것이니 백골송白骨松이 아니라 백화송百花松이라 부를 만하다.

백화송 가지에 찰나의 순간 동안 바람이 얹힌다. 가만히 지켜보면 가지는 우는 것이 아니라 전율로 몸을 떤다. 연주자가 거문고의 현을 켜듯 바람이 가지를 켜는 것이다. 지난여름 내내 붉은 이야기를 피워 올리던 배롱나무도 백송 곁으로 다가선다. 여린 듯 강인한 백송의 몸피를 닮으려는 몸짓이다. 그 모습에 감전이 된 나도 미더운 사람 같은 나무에게 바싹 다가선다. 백화송을 스쳐 흐르던 바람이 가슴 안으로 흐른다. 내 몸도 현이 되어 소리없이 떨린다.
가끔은 백화송 곁에서 꿈꾸는 미라가 되고 싶다.

제4부
바람을 먹는 돌

바람을 먹는 돌 • '애일당愛日堂'의 가인佳人
풍경으로 서 있는 대문 • 블루 시티
붉은 길에 흩어지는 북소리 • 시대의 디아스포라
해풍海風과 문풍文風의 멋 • 에스프리의 섬광

바람을 먹는 돌
– 설문대할망 이야기

마을로 들어선다. 넓은 구릉에 우뚝, 그들이 줄지어 있다. 바람을 맞은 검은 나신들이 하늘을 떠받든다. 살아 숨 쉬는 모든 것들을 지배하는 부동의 자세가 숭고하다 못해 신령스러운 기운마저 느껴진다.

나는 이 석상들을 만나고자 무던히도 많은 돌을 지나왔다. 조심스레 그들 곁에 다가선다. 서 있는 돌에서 인간의 모습을 떠올린다. 인디언처럼 단단한 어깨와 구도자의 평온한 등이 보인다. 묵묵히 눈을 감고 있거나 먼 하늘을 올려다보는 노석老石도 있다.

얼굴 또한 여유롭고 신비롭다. 각각의 표정과 몸짓이 다르고 햇

▲ 전설의 통로

살 따라 낯빛이 변하기도 한다. 강물을 닮은 눈매와 노을빛 미소가 지긋이 나를 내려다본다. 움푹 들어간 눈자위에 빗물 고인 석상은 눈물을 담은 듯 슬퍼 보이고 하얀 돌단풍을 피워 올린 머릿돌은 의관을 갖춘 신관마냥 굳고 위엄이 넘친다.

이곳은 어디인가. 제주도 창조 여신 설문대할망과 오백장군 전설을 주제로 삼고 있는 제주돌문화공원이다. 백만 평의 드넓은 대자연 위에 전설의 통로, 위령탑, 연못, 모자상 등 다양한 조형물 외에도 동자석, 돌하르방, 정주석 같은 석물이 전시되고 석불과 비석거리, 방사탑을 재현해 놓아서 제주 사람들의 돌 문화를 한눈에 볼 수 있는 곳이다.

설문대할망은 아주 큰 몸집과 힘을 지닌 옥황상제의 딸이었다. 천상 생활이 갑갑해진 그녀가 하루는 몰래 바깥세상을 내려다보았는데 하늘과 땅이 맞붙어 있었다. 이것을 본 할망은 한 손으로는 하늘을 떠받들고 다른 한 손으로는 땅을 짓누르며 두 개로 쪼개어 놓았다. 이 일로 부왕의 노여움을 사서 땅으로 쫓겨나게 되었다.

그때 흙을 치마폭에 담고 내려왔는데, 가장 먼저 그 흙을 내려놓는 곳이 제주도라 한다.

할망은 이곳에서 거대한 신[男根]을 가진 설문 하르방을 만나 오백 아들을 낳게 된다. 그러던 어느 해 흉년이 들어 아들 모두 양식을 구하러 나갔다. 남은 할망은 마지막 남은 양식을 털어 죽을 쑤기 시작했다. 큰 가마솥에다 불을 때고 솥전 위를 걸어 돌아다니며 죽을 저었다. 하지만 흉년 탓에 허기로 기운이 빠진 할망은 발을 헛디뎌 그만 펄펄 끓는 가마솥 속으로 빠지고 말았다.

아들들은 그런 줄도 모르고 돌아오자마자 허겁지겁 죽을 퍼먹었다. 죽 맛은 여느 때보다 좋았다. 그런데 나중에 돌아온 막내아들이 죽을 뜨려고 솥을 휘젓다가 국자에 걸린 뼈다귀를 발견하고 어머니가 죽 솥에 빠져 죽은 것을 알게 됐다. 막내는 부르르 떨면서 불효한 형들을 바라보았다. 499형제들도 이 황당한 사실 앞에 할 말을 잊고 망연히 서 있을 뿐이었다.

막내는 통탄하며 애타게 어머니를 불렀지만 소용없는 일이었다. 그는 어머니가 죽은 줄도 모르고 죽을 먹어치운 형들과는 못살겠다면서 멀리 차귀섬으로 달려가서 바위가 되어 버렸다. 이것을 본 형들도 여기저기 늘어서서 날이면 날마다 어머니를 그리며 통곡하다가 모두 바위가 되어 버렸다. 이것이 오백장군이다.

제주 사람들은 이 기막힌 모자母子의 이야기를 잊지 못하여 이곳

▲ 오백장군 군상

돌문화공원에 위령탑을 쌓고 오백장군 거석을 세워 놓은 것이다. 아들들을 위해 몸을 바친 설문대할망의 숭고한 모성애와 어미를 먹고 가슴 치던 자식의 슬픈 영혼이 돌탑 속에 굳어 있다.

그 돌들은 오직 바람만 먹고 산다. 바람을 막는 돌은 매끄러운 살결처럼 반들거리지만 바람을 먹는 돌은 곰보딱지같이 뻐끔뻐끔 구멍이 뚫렸다. 더군다나 속돌까지 새까맣게 그을렸다. 그 자태로 돌은 숨을 쉰다. 이러한 돌에 귀 기울이면 태왁을 안은 제주 해녀의 숨비소리가 들리고 도리깨질을 하는 하르방의 한숨 소리도 들을 수 있다.

돌이 사람을 기다리는 곳이 제주이다. 돌하르방부터 다듬지 않은 막돌까지 시천의 돌이 실손을 맞는다. 퐁네 어귀에 방사닙이 솟고 초집 문에는 정낭과 정주석이 버티고 섰으며 마을마다 울담이 그물처럼 긴 줄을 잇고 있다.

생각해보면 사람들은 언제나 돌에 마음을 기대었다. 살아서는 석장승이나 돌벅수를 의지했으며 죽어서는 고인돌에 대한 미련을 버리지 않았다. 돌무덤을 만들고 선돌의 호위를 받으며 동자석에게는 영혼의 시중을 들게 했다. 때로는 무덤가에 천년 돌담을 쌓아 이승과 저승을 인연의 끈으로 묶는다. 나는 이곳 돌문화공원에 와서야 인간이 돌 틈에서 나고 자라서 돌 틈으로 돌아간다는 제주 사람들의 믿음을 비로소 이해할 수 있게 되었다.

  모서리가 파인 몸돌 하나 올려다본다. 시리도록 푸른 하늘을 등에 인 석상의 부동선 사이로 길게 바람이 흐른다. 주변 풀숲의 잎사귀들은 아직도 빗물을 털어내기에 숨이 차건만 석상들은 비바람조차 품어 안는다. 홰치는 외풍에 흔들리거나 무너지기보다는 몸을 내밀어 모조리 껴안는다. 그 신비로운 교감이 섬사람들을 이 땅에 남게 하지 않았을까.

  단단한 돌 앞에 서면 잔뜩 움츠러들 수밖에 없는 일. 그래서 사람들은 흔히 돌이 침묵을 지킨다고 한다. 그 말을 뒤집어 생각해본다. 침묵한다는 것은 말할 사연이 있다는 것을 전제로 하지 않은가.

  그렇다면 이 석상은……. 순간, 번쩍 정신이 든다. 그동안 나는 돌 앞에서 얼마나 많은 말을 쏟아 냈던가. 마당에 있는 작은 돌부터 골목의 모퉁이 돌, 공원의 반지레한 돌과 강변에 있는 평평하고 넓적한 돌까지……. 하지만 누가 내 말에 이처럼 귀 기울여 준 적 있었던가. 묵묵히 내 푸념을 들어주기만 하던 사람이 있었던가.

돌의 묵언에 고개가 숙여진다.

  석상이 긴 잠을 자고 있다. 아니, 명상 중이다. 이스터 섬의 모아이 상 같기도 하고 스톤헨지의 거석이 떠오르기도 한다. 생로병사를 뛰어넘고 희비애락을 건너뛰는 곳. 남녀노소가 있지만 더 이상 늙지 않는 곳. 버린 돌도 굄돌이 되고 구르는 돌도 제자리를 찾는 곳이다. 사람도 혼탁한 마음을 다독이면 물아일체가 될 수 있을 것만 같다. 깝신거리고 나부대는 인간들의 소리를 듣고도 못 들은 척 움쩍 않는 돌. 사람이 잠잠하면 돌들이 입을 열까.

  나는 이 석상들을 어루만지며 하나하나 이름을 붙여본다.

▲ 어머니를 그리는 선돌

  "소리치는 돌, 웃는 돌, 술렁이는 돌, 부르짖는 돌, 춤추는 돌, 노래하는 돌, 그리고 바람을 먹는 돌……."

  그러고 보니 바람을 먹는 돌이 가장 경외스럽다. 그 돌이 진정한 인고의 돌이다. 세월의 자취는 인간이 기록하는 것이 아니라 돌의 문양처럼 저절로 남겨지는 것이니까.

  돌 사이를 천천히 걸어 본다. 바람을 타고 흐르는 애절한 소리를 듣는다. "아들아, 아들아……." 목 놓아 부르는 젖은 목소리. 돌가슴 속에서 아직도 한(恨)으로 펄펄 끓고 있는 설문대할망의 울음소리다. 귀에 익다. 낯설지 않다. 어미의 사랑만큼 거룩한 것이 세상에 또 있을까. 제주 돌이 전하는 이야기가 이것인 듯하다.

'애일당愛日堂'의 가인佳人
- 이영도의 흔적

그대 그리움이 고요히 젖는 이 밤
한결 외로움도 보배냥 오붓하고
실실이 푸는 그 사연 장지 밖에 듣는다.

— 〈비〉 전문

　　이영도의 글에서는 눈물 냄새가 난다. 〈비〉를 읽으면 장지 밖 빗소리에 그리움을 적시는 이영도의 얼굴이 그림처럼 다가온다. 여름이면 장독대 주변에 흐드러지게 핀 봉숭아로 손톱물을 들이고 모시 치마를 고수하던 여인. 5월 단오에는 창포물을

 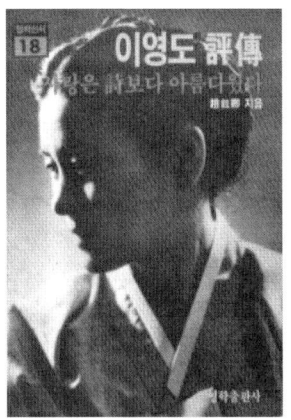

▲ 박옥금이 쓴 이영도 평전　　▲ 조현경이 쓴 이영도 평전

상추밭에 두어 이슬 받아 머리 감고, 땋은 머리를 말아 올려 동백기름 바르던 여인. 그 모습은 한 폭의 변하지 않는 마지막 조선 여인의 화폭이 되어 지금도 우리 가슴을 아리게 한다.

시조시인 정운丁芸 이영도가 50년대 말부터 10여 년간 머무르던 '애일당愛日堂'을 찾기로 했다. 문학의 산실이 되어준 집에서 시인의 시혼을 느끼고 싶었다. 이미 반세기 전의 일이니 금정산 기슭에 있던 그 집을 기억하는 사람은 많지 않겠지만 동네의 오래된 노인이라도 만나면 쉽게 찾을 수 있겠다고 생각했다. 조현경이 쓴 이영도 평전 《사랑은 詩보다 아름다웠다》와 박옥금의 평전 《내가 아는 이영도, 그 달빛같은》을 읽고 집의 위치와 주변의 특성을 꼼꼼히 메모했다.

 그녀를 찾아 길을 나선 첫날은 장마가 시작된 7월 중순이었다. 부산시 금정구 장전동 국민주택 7호가 애일당의 옛 주소이다. 세 시간여 주변을 돌면서 이 동네의 터주 어른들을 만났지만 '애일당'은 커녕 국민주택 자리도 알지 못했고 이영도라는 이름자에는 더더욱 고개를 갸우뚱거렸다. 통장집도 찾아가고 관공서도 들러보았으나 헛수고였다. 힘이 빠졌다. 누군가의 도움이 필요했다.

 며칠 뒤, 당시 이영도에게 따뜻한 정을 받았던 부산대학 임종찬 교수께 동행을 부탁했더니 흔쾌히 승낙해 주었다. 부산대학 구 정문에서 이영도의 옛집까지는 그리 멀지 않았다. 골목길을 곧장 내

▲ 청도읍 내호리에 있는 이영도 생가

려가니 구 17, 18번 버스 종점 자리가 있었고 조금 더 아래쪽에 '애일당'이 있던 동네가 나왔다. 예전에는 이곳이 허허벌판이었으며 온통 늪지대였다고 한다.

'애일당'은 그 시절에 유행하던 슬레이트 기와를 얹은 아담한 남향 한옥이라고 했다. 좁은 골목길은 처마를 맞댄 한옥 연립주택으로 이어졌는데 임 교수가 가정교사를 하던 골목집을 지나 두 번째 집이라고 기억했다. 뜰 한쪽에는 금붕어가 노니는 작은 연못이 있었으며 매화, 라일락, 감나무, 벽오동 등 백여 종의 꽃과 정원수가 철 따라 시상을 펼쳤다고 한다. 지금은 비록 없어졌지만 몇 년 전까지 빈터에는 나무그루터기 하나가 남아있었다고 했다.

몇 차례 주변을 서성이던 임 교수가 가정교사를 하던 집을 찾아내었는데 그 집은 '꼬까닭'이라는 상호가 붙어 있고 출입문은 굳게 닫혀 있었다. 주위를 둘러보니 푸른 슬레이트 기와지붕을 이고 있는 한옥 한 채가 유독 눈에 들어왔다. 이곳에서 딱 한 채 남은 국민주택인듯 하여 그나마 반갑기 그지없었다. 하지만 그 집 앞에 있어야 할 '애일당'은 흔적 없이 사라졌고, 나무그루터기는커녕 빈 땅마저도 밟을 수 없게 되었다. '동화빌라'라는 이름의 새 건물이 우뚝 솟아 옛 정취를 묻어버렸다고 할까. 임 교수는 오래도록 그 자리를 말없이 쳐다보았다.

문득 두 해 전에 다녀온 유천의 이영도 생가가 떠오른다. 청도군

청도읍 내호리에 있는 단층 기와집 생가에는 이영도의 먼 친척 되는 분이 살고 있었다. 생가 뜰에는 애일당의 한때처럼 갖가지 화초가 봄볕을 받아 반짝거렸고 안채 작은 방 옆에는 동체 굵은 감나무 한 그루가 촉을 피우고 있었다. 오래전 이영도가 떨어진 감꽃을 주워 올렸을 꽃자리에서 낯선 방문객은 글감이나마 얻을까 하여 한동안 우두커니 서 있었던 기억이 새롭게 인다.

  '애일당愛日堂'은 원래 조선 중종 때 농암 이현보 선생이 안동에 유배되어 〈어부사〉를 읊으면서 유유자적하던 별당의 이름이다. 농암은 하루하루가 지나면 부모가 떠날 날이 그만큼 가까워지고 말 것이므로 하루를 아낀다는 뜻으로 '애일당'이란 당호를 지었다고 한다. 이영도가 '애일당'이라 지은 이유는 청도 생가에 있는 어머니가 그리워서였을까. 이영도에게 '해日'는 무엇일는지. 그녀의 삶일 수도 있고 문학일 수도 있으며, 아니면 마음의 그리운 이를 가리키는 말일 수도 있겠다.

  정운은 서러운 셋방살이 20년 만에 후생주택인 애일당을 연부로 마련했다. 애일당에 살기 전에는 남성여중고 사택과 차밭골 등을 전전하며 힘겹게 지내다가 1958년 발행한 첫 수필집 《춘근집春芹集》의 수익금으로 애일당을 마련하게 되었다. 이곳에서 이영도는 상경 전까지 온천장 '소정교회'를 다니면서 신앙을 다졌고, 마음이 사무치거나 고독이 버거울 때는 그 감정을 원고지에 토로했을 테다.

이영도는 1945년 ≪죽순竹筍≫지를 통해 시조 〈제야除夜〉와 〈바위〉로 문단에 등단하였으며, 그해 통영여중 가사 선생으로 부임하게 된다. 이영도가 부산에 머물게 된 동기는 1953년 남성여중고 교사를 하면서부터이다. 그 후 잠시 마산성지여고로 전근했다가 1956년 부산여자대학에 출강하게 되면서 1967년 초까지 다시 부산에 안주하였다. 그동안 부산어린이회관 관장, ≪현대시학≫ 편집위원 등을 지내면서 영남시조문학 동인으로 활동했다. 대표작품집 중 시조집 ≪청저집青苧集≫(1954), 수필집 ≪춘근집春芹集≫(1958)과 ≪비둘기 내리는 뜨락≫(1966) 등은 이 시기에 발간된 것이며, 1966년 문학을 통한 사회봉사로 제8회 눌원문화상訥園文化賞을 받았다.

　이영도가 있음으로써 부산시조시단에 미친 영향 또한 크다고 할 수 있다. '부산 현대시조의 선구자들'로 불리는 고두동, 장응두, 김상옥의 활동 이후 이영도는 부산 시조시단의 저변을 넓히는 데 한몫하게 된다. 첫 시조집 ≪청저집≫은 섬세한 언어를 구사하였다는 평가와 함께 당시의 현실감각이 서정성과 조화를 이루어 시조문학 발전에 크게 기여했음을 인정받고 있다. 또한, 제자 임종찬 교수, 후배 박옥위 시인 등의 시작에 영향을 준 것은 물론이며 오늘날까지 부산 시조시인들에 의하여 직·간접적인 영향이 이어지고 있다.

이영도는 세간에 알려진 대로 청마靑馬 유치환과 애틋한 사랑을 나누었는데, 청마의 연서를 엮은 책 ≪사랑했으므로 幸福 하였네라≫를 읽으면 애절한 사랑의 기운을 가슴으로 감지하게 된다. 청마는 이영도에게 정향丁香이라는 호를 붙였다가 다시 정운丁芸이라고 고쳐주기도 했다.

    오면 민망하고
    아니 오면 서글프고
    행여나 그 음성
    귀 기울여 기다리며
    때로는
    종일을 두고
    바라기도 하니라

    정작 마주 앉으면
    말은 도루 없어지고
    서로 야윈 가슴
    먼 창만 바라다가
    그대로
    일어서 가면
    하염없이 보내니라.

                                        - 〈무제1〉 전문

정인을 떠나보내는 섦은 표정이 눈앞에 선연히 나타난다. 이영도의 고독한 애정이 사랑을 하는 모든 이에게 감염된다랄까. 1945년 해방되던 해, 청마와 정운은 통영여중의 동료 교사로 만났다. 서른여덟의 청마는 스물아홉의 청상 정운을 만나 걷잡을 수 없는 사랑에 빠졌다. 스물한 살에 남편과 사별하고 딸 하나만 길러온 이영도 시인에게 "너와 나의 애틋한 연분도 한 망울 연련한 진홍빛 양귀비꽃인지도 모른다."라고 노래한 청마는 유부남이었다. 청마는 마음의 빗장을 굳게 걸고 틈을 주지 않는 정운에게 하루가 멀다 하고 편지를 썼다. 그러기를 3년. "부인이 있는 남자를⋯⋯." 이라는 말로 죄의식을 안은 채 청마를 대해야 했던 정운은 날마다 배달되는 편지와 시편들에 마음을 서서히 열어 답신을 하게 된다.

단테가 젬마와 결혼하였지만 어릴 때 알게 된 베아트리체를 영원한 연인으로 가슴속에 간직하고 사랑의 시를 썼듯이 그들은 닿지 못하는 그리움을 편지로 대신했다. 청마가 이십 년의 세월동안 '지애至愛한 정운, 최애最愛한 당신'이라는 서두로 쓴 5천여 통의 편지는 이영도가 고스란히 보관해온 반면, 이영도가 보낸 편지는 청마의 소각으로 지금까지 한 통도 전해지지 않고 있다.

두 사람의 교감은 불의의 사고로 종말을 맞게 된다. 1967년 2월 13일 오후 9시 30분 부산 동구 좌천동 685번지 미성극장 앞길에서 과속으로 달려오던 명신여객 소속 직행버스가 두 사람의 운명을 달리 가게 했던 것이다. 정운의 안방에는 청마가 준 사랑의 시를 직접 수놓은 열두 폭 병풍이 둘러 있었다고 한다. 청마의 유해가 부산대 병원에 안치되었을 때 정운의 서러운 눈물은 병풍의 글씨를 흥건히 적셔놓지 않았을까. 안타까웠던 두 시인의 사랑은 지금도 아픔의 연시로 전해진다.

청마 사후 이영도는 청마와 주고받은 편지 보따리를 국제신문 문화부장이면서 아동문학가인 최계락과 이근배 시인에게 내주었다. 두 사람은 동래 금호장 호텔에서 그 편지 중 이백여 통을 추려 서울로 올라와 책으로 묶어냈다. '청마 유치환 씨가 규수시인 이영도 여사에게 20년간 보낸 성결한 사랑의 편지'라는 설명을 덧붙인 ≪사랑했으므로 幸福 하였네라≫가 출간되자 서점들의 주문이 밀어닥쳤고 베스트셀러가 돼, 무명 출판사였던 '중앙출판공사'는 크게 이름이 알려지게 되었다. 그 수익은 이영도의 뜻에 따라 후진 양성을 위한 '시조시인상' 기금으로 희사되었.

책이 출간되면서 정운은 청마와의 열애 사건으로 더 이상 부산에 머물 수 없었다. 결국 '애일당'을 떠나 서울로 기차를 옮겼는데 그때의 심정이 얼마나 통렬했는지 수필에 잘 나타나 있다.

　　그 아담하고 고요롭던 나의 거처. 한 줌 흙, 한 포기 풀꽃에도 나의 손길과 애정이 얽힌 그 집을 떠나올 때 나는 정말 이 땅에선 영주할 곳이 없음을 절감하지 않을 수 없었다. 직장을 따라 철새같이 둥우리를 옮겨야 했던 내 삶의 역정에서 처음으로 동래에다 집을 지어 안착을 했을 때는 그곳이 나의 마지막 기항지리라 생각했다.
― 수필 〈창가에 앉아〉 일부

아마도 정운에게 '애일당'과의 이별은 청마 사후 가장 고통스러운 결별일 것이다. 사시절 화초가 만발하는 애일당 마당에는 청마의 발자국이 무수히 찍혔으리라. 이제 설화의 땅이 되어버린 '애일당'. 이영도가 끝내 떠나야 했던 회한의 자리. 표지석 하나 없이 무심한 세월 속에 묻힌 것이 못내 섭섭하여 발길이 쉬이 떨어지지 않는다.

오는 길에 금강공원에 있는 이영도 시비를 둘러보았다. 노송의 그늘에서 산바람을 맞은 채 의연하다. 곁에 선 동백나무 아래로 노랗게 물이 든 창포꽃이 이영도의 청초한 자태를 빼어 닮았다. 빗돌에 새겨진 그녀의 생시 중

▲ 금강공원의 이영도 시비

"정녕 윤회가 있어 다시 받아야 할 몸이라면 한오리 연기로 올라 구름이나 되었다가"라는 구절이 가슴을 파고든다.

> 너는 저만치 가고 나는 여기 섰는데……
> 손 한번 흔들지 못한 채 돌아선 하늘과 땅
> 愛慕는 숨利로 맺혀 푸른 돌로 굳어라.
>   – 〈탑塔3〉 전문

 청마의 죽음으로 두 육신의 간극은 멀어졌지만 시정詩情은 정晶으로 결結하여 두 영혼을 다독거리게 되는 건 아닐까.
 금정산 마루에서 흘러내린 안개가 먼발치로 보이는 애일당 옛터를 휘돌아 감싸 안는다.

풍경으로 서 있는 대문
– 한개마을 응와종택

그 집의 대문은 늘 열려 있다. 그리운 옛것을 만나러 온 사람을 반기기 위한 몸짓이다. 전통 마을을 찾아온 길손이라면 누구나 발길을 멈추는 집답게 문턱이 낮게 내려졌다. 봄비가 추적이는 날이든 여름 매미가 목청을 돋우는 날이든 대문을 들어서는 순간 저절로 고개가 숙여진다. 종갓집이라는 이유만이 아니라 눈앞 대청 기둥에 걸린 주련의 위엄까지 느껴서다.

멀리 남으로는 가야산 그림자가 드리워졌고 뒤로는 영취산 골짜기 바람이 풍경을 흔든다. 속칭 한개마을이라고 불리는 경북 성주군 월항면 대산리를 찾았다. 하회마을, 양동마을과 함께 영남의

3대 양반고을로 알려진 돌담길 마을이다. 교리댁, 월곡댁, 진사댁, 도동댁, 하회댁 등 수백 년 된 고택들이 눈길을 잡는다. 바람과 흙이 옛집들을 지켜온 셈이다.

이 마을에는 유일하게 대감댁으로 불리는 집이 있다. 마을 돌담 끄트머리에 자리한 성산 이씨의 종가 응와종택이 그곳이다. 대감댁은 안동 하회마을의 서애 류성룡 종가를 그렇게 부를 정도로 듣기 어려운 관官 택호다. 이는 5대조인 응와 이원조 선생이 고종 때 공조판서를 받았기 때문이다. 그러한 택호에 걸맞게 뒷짐질이라도 하는 양 의젓하게 마을을 내려다본다. 아니, 그윽이 지켜주고 있는 듯하다.

응와종택은 조선 영조 때 선전관을 지낸 성산 이씨 이석문이 처음 자리를 잡았다. 이후, 이백오십여 년 동안 집터는 변하지 않고 있다. 흙돌담 아래로는 거미줄이 쳐지고 골기와 사이로 기와솔이 피어났다. 처마 끝 돌확에 떨어지는 낙숫물 소리는 집 주인의 음성을 내신하고 있다. 적적한 곳에 찾아온 과객이 행여 멈칫거릴까 봐 마음을 놓으라는 신호랄까. 우뚝 선 회화나무 아래 솟을대문

▲ 응와종택 입구

에 '정헌공응와이판서구택定憲公凝窩李判書舊宅'이란 현판이 당당하다. 이 가옥은 현재 정면 여섯 칸인 안채를 비롯하여 사랑채, 안사랑채, 사당, 북비채 등 5채로 구성되었고, 북비채는 별도의 담으로 나누어져 있다.

  마당으로 들어서니 알싸한 묵향이 세월을 건너 온몸에 감겨온다. 조심스레 사랑채 가까이로 걸음을 옮겨 본다. 내가 찾아간 그날은 풀벌레조차 물기 머금은 정원수에 숨어 울음을 낮출 정도로 한가로웠다. 팔작지붕 추녀가 하늘 위로 휘어 오르고 마른 담쟁이 넝쿨을 따라 내려다보이는 마당에는 때늦은 감국이 배롱나무 여윈 가지와 함께 어우러졌다. 봉제사 때마다 접빈객들로 법석거렸을 동마루에 살며시 몸 끝을 얹었다. 난세를 견뎌온 종갓집의 지엄한 예법에 저절로 내 몸이 곧추선다.

  돋을새김으로 쓴 사미당이란 사랑채 현판이 종손의 기개처럼 꼿꼿해 보인다. 사랑채의 당호인 사미당은 7대조의 아호이다. 사미당 어른의 자식교육은 목침에서 시작되었다 한다. 이 집에서는 목침木枕을 경침警枕이라고 부르는데, 사미당 할아버지가 학업과 몸가짐이 소홀한 자손에게 목침에 올라서게 한 후 회초리로 다스렸기 때문이다. 사미당에 대한 외경심이 일자 나도 모르게 반쯤 열린 문고리를 당겨보았다.

  방 안은 싸아할 정도로 단출했다. 하얀 사방 벽지 어느 곳에도 장식장이라고는 놓여 있지 않았다. 선비의 두루막마냥 정결하고 애기똥풀보다 노란 장판에는 먼지 한 톨 없다. 조촐한 사랑방 한가운데 낡은 목재 선비상만 주인인 양 단아하게 앉아 있다. 상 위에는 안경과 원고지가 가지런하고, 묵직한 한 권의 책이 펼쳐져 있다. 잠시 자리를 비운 주인이 금방이라도 돌아와 책장을 다시 넘길 듯하다. 이러한 풍경에 겨울 골바람도 움칠 풀이 죽는다.

지금 이 집에는 응와 대감의 5대 종손인 이수학 씨가 살고 있다. 언젠가 그가 집필한 자전 수필집을 우연히 읽게 되었다. 그는 지난 사십여 년간 학업과 교직 등 직장 일을 좇아 도시생활만을 고집해 왔다. 스스로 우거살이라고 여기면서까지 고향을 떠난 것은 종가의 버거운 규범에서 벗어날 여유를 찾기 위한 것은 아닐까. 그러던 그가 예순을 넘겨 다시 이곳으로 돌아와서 종가를 지킨다.

시선을 돌리니 소담한 정원이 펼쳐졌다. 너덧 자가 넘는 반석이 잔디밭 위에 얹혔고 지난여름 백련이 향기를 머금었을 작은 연못에도 오후의 햇살이 담겼다. 안채의 매끈한 섬돌 위에는 흰 고무신 한 켤레가 단정하게 올려져 있다. 옆에 자리한 장녹대조자 송갓집의 질서를 보여주듯 키에 맞추어 가지런하다. 정갈한 안 풍경에서 칠순 종부의 의무감이 배어난다.

마주한 정원에 색다른 건물이 눈에 띈다. 자혜당이라는 한 칸 집이다. 이곳에는 처음에 초가집으로 만든 안대문채가 있었다고 한다. 대감댁 대문채가 초가였다는 것은 세상에는 어렵고 가난한 사람들이 있다는 것을 자손들에게 일깨우기 위해서였다고 한다. 이제 소실된 그 자리에 두어 평 남짓한 자혜당慈惠堂이 새로 지어졌다. 이 집은 불천위 종손에게 시집온 '김천 봉계땅 고운 처녀'를 위해 지어준 것이라고 한다.

여기에는 재미난 이야기가 전해진다. 종손의 어머니는 생전에 퇴계 선생을 배출한 골기와 양반동네인 '안동 예안 고운 처녀 밭'에 아들이 씨 뿌리길 염원했다고 한다. 하지만 인연은 뜻밖에도 '김천 봉계땅 고운 처녀 밭'에 닿았다. 종손의 가계가 남인 계통이라 노론 계통인 처녀 집안과 색혼할 수 없다는 문중의 반대를 부모는 지극한 며느리 사랑으로 이겨냈다. 지금은 집 안의 서책을 보관하는 서고인데 마치 초롱을 엎어 놓은 형상이다. 종부라면 마땅히 책으로 종가의 등불이 되라는 기대를 담고 있는 듯하다. 문틈 곁에 바싹 다가가니 알싸한 책 냄새가 코끝에 닿는다. 문득 종손이 종가의 관행을 깬 것은 지금의 종부를 맞이할 때부터가 아닐

▲ 북비 대문

까라는 생각이 든다.

 북비北扉라는 청청한 이름이 까닭도 없이 내 마음을 슬프게 한다. 비바람으로 퇴색한 현판의 푸른 글자가 눈물인 양 얼룩져 흐른다. 북비는 북쪽으로 돌아앉은 조그마한 사각 대문을 가리키는 말이다. 그 이름에는 선대 할아버지인 북비공과 연관되어 잊어서는 아니 될 일화가 있다. 당시 북비공은 무겸으로서 영조가 아들 사도세자를 죽이고자 휘녕전에 거동할 때, 어가를 배종했다. 세자를 뒤주에 들어가게 한 영조는 북비공에게 큰 돌을 들어 뒤주를 누르라는 명을 내렸다. 그러나 두 번의 어명에도 불구하고 받들지 못하자, 곤장 50대와 함께 삭탈관직당하기에 이른다.

 그는 낙향하여 자신의 곧은 뜻을 지켜내고자 두 칸 누옥을 짓고 북비라는 청람빛 현판을 달았다. 부자상극으로 혼란한 나라를 염려하고, 사도세자의 영혼을 추모하는 애절한 마음과 집 앞을 드나드는 시류에 영합하는 무리를 외면하고자 하는 마음을 담았다. 그러한 그를 세상에서는 북비공이라 불렀다 한다. 다시 한 번 현판을 올려다본다. 선비가 북쪽으로 몸을 향할 때는 목숨을 버려서라도 지켜야 할 명분이 있기 때문이다. 종택의 여느 건물과 달리 북비고택은 지금도 손질을 하지 않는다. 그 정신을 보여주듯 작은 수석 하나까지도 제자리에 놓여 있다.

 몸을 돌려 대감댁을 올려다본다. 사랑채의 우람한 기와 선이 하늘에 닿아있다. 처마 아래로 선뜻 보이는 흙돌담이 고향 마을 담벼락처럼 푸근하다. 문득 문턱을 넘는 인기척 소리가 들려온다. 나들이를 다녀오는 종손 어른의 발소린가. 나도 모르게 대문 앞으로 다가선다. 돌아 나오는 발걸음에 마른 은행잎이 자꾸 따라붙는다. 몸은 대문을 나서지만 마음은 종택에 머물고 있는 내 미련을 헤아린 탓일까.

▲ 한개마을 돌담길

　대문에 풍경 하나 세워진다.

블루 시티
– 무덤과 공존하는 마을

 골목이 엉킨다. 판잣집들이 따닥따닥 엎드려있는 경사진 좁은 길을 오른다. 10번 마을버스가 지나가는 산자락, 영화 '마더'가 촬영된 장소, 무덤 80여 기가 함께 자리한 달동네. 푸른 물탱크와 푸른 슬레이트 지붕들이 육지의 바다를 이루었다. 세월이 멈춘 도심 속의 돌산마을이다.

 속칭 '문현동 안동네'로 알려진 이곳은 부산시 남구 문현동에서 전포동으로 연결되는 진남로 좌측 갈마산의 고지대에 있다. 그런데 두어 해 전, 이 마을에 기적 같은 변화가 일어났다. 칙칙한 담벼락에 사철 그림꽃이 피어났다. 금가고 낡은 시멘트벽은 캔버스가 되었고 이름도 모르던 골목동네는 지붕 없는 미술관으로 알려지기 시작했다. 벽화거리마을로 탈바꿈한 것이다.

벽화가를 자청한 봉사자들이 담벼락 그림 50여 점을 탄생시켰다. 그들이 쏟아 부은 젊은 열정이 낡은 마을에 새 기운을 불어넣었다.

▲ 푸른 슬레이트 지붕의 벽화마을 풍경

'문현동'이란 마을 이름은 '문 너머'라는 뜻을 갖고 있다고 한다. 예로부터 부산의 사립문 역할을 하던 곳이어서 '문 너머에 있는 희망'을 주제로 벽화를 만들었다고 생각된다.

벽화들은 저마다 이름을 가지고 있다. 자동차와 열기구, 바닷속의 풍경, 자전거와 고양이, 민들레 꽃씨를 날리는 소녀……. 돌벽 위에서 고래가 헤엄치고 갈매기가 날고 부엉이가 밤을 밝힌다. 해맑게 뛰노는 아이들도 그림 속으로 들어갔다. 마을 입구에 그려진 바구니 속 한아름 장미꽃은 주민들의 소박한 꿈을 담아낸 것이라 여겨진다. 아이들과 천사들이 달 위에서 잠자는 그림은 이곳 아이들의 먼 이상을 표현한 것이 아닐까. 벽화 한 점 한 점 속에 그들의 하루 희망과 순박한 돌산마을의 이야기가 숨어 있다.

이러한 벽화는 빈한한 마을 사람들에게 위로가 되어준다. 첫 벽화작업을 할 때 쓸데없는 짓이라며 신통찮은 반응을 보이던 주민들도 골목 분위기가 점점 화사해지자 스스로 거들기 시작했다. 아이들은 직접 벽화 디자인을 하기도 하고 몇몇 주민은 서툰 붓질로 두어 점 꽃그림을 그려내었다. 마을 옹벽에 꽃문신들이 새겨지자 골목길을 돌던 동네 아이들의 발길은 꽃잎마냥 가벼워졌다.

하지만 이방인이라면 유독 눈길이 멈추는 곳이 있다. 마을 곳곳에 흩어져 있는 무덤들이다. 원래 이곳은 공동묘지였는데 무덤 사이에 집들이 하나 둘 들어서게 되었다. 삼 사십여 년 전, 월세를 내지 않아도 되는 이곳에 빈민 노동자들이 보금자리를 틀었다. 불량주택 철거민들이 판잣집을 짓기 시작한 것이다. 그래서 봉분 앞에 부엌문이 갖추어지고, 무덤을 에워싼 마당이 마련되고, 묘지 사이로 동네 평상이 놓이고, 무덤 주위에 텃밭이 만들어졌다.

아침에 일어서면 정수리가 천장에 닿을 듯한 낮은 집들과 담장보다 낮은 무덤들도 그들에게는 더없이 든든한 공간이다. 이곳이 아니면 어디에 삶과 죽음이 같은 자리에 존재할까. 무덤 옆에 둘러앉아 담소하는 노인들의 표정마저 편안하기 이를 데 없다. 밤이면 무섭지 않으냐는 질문에 돌아오는 대답이 낯설다.

"무덤이 뭐시 무섭노. 저곳이 가장 안전한 장소 아이가."

담뱃대를 입에 문 노인 한 분이 측은한 듯 나를 올려다본다. 그러고 보니 싱그런 잔디를 덮고 있는 무덤만큼 편안한 곳도 없겠다 싶다. 벽화 그림에 무덤이 없는 이유도 이 때문이 아닐까. 이제는 담장 벽화가 그려진 마을 앞에 돌산공원도 생겼다. 집, 공원, 무덤, 벽화가 그들의 삶을 이어주는 끈이라고 여겨진다.

마을을 휘도는 바람을 따라 발길을 옮겨본다. 사시절 풍경이 달라지듯이 이곳에 부는 바람도 계절마다 눈짓이 다르다. 벚나무 붉은 잎을 타고 흐르던 가을바람이 겨울 마른 땅에 고였다가 봄이면 되창 앞 화분의 마늘순을 흔들고, 여름이 오면 뜨거운 기운으로 묘비석 위에 내려앉을 게다. 바람이 멈춘 비닐 가리개 쪽창에서 노인들의 웃음소리가 흘러나온다. 바람은 다시 집을 돌고 무덤을 돌고 돌벽을 돌아 벽화거리마을을 빠져나온다.

어둠살이 골목동네를 물들인다. 손으로 만든 그림자새가 진짜새로 바뀌어 하늘을 오르는 벽화 앞에 서 본다. 내일 아침에는 파랑새되어 다시 날아오기를…….

판잣집 푸른 지붕 너머로 고층 아파트 불빛이 빽빽하다.

▲ 벽화와 무덤의 공존

▲ 무덤 주변에 있는 집

붉은 길에 흩어지는 북소리
- 홍의장군과 현고수

붉다. 의령으로 가는 여름 길은 더욱 붉다. 강바람에 흔들리는 배롱나무 꽃무리 사이로 매끄러운 햇살조차 붉은빛으로 되쏜다. 붉은빛은 화려하고 요염한 빛이지만 의령 길가에 있는 붉은 배롱나무는 기품이 있어 보인다. 석 달여 동안 꿋꿋이 꽃대를 밀어 올릴 나무의 성품이 붉다 못해 혈기로 곧다. 가뭄이나 폭염

▲ 배롱나무 길

조차 배롱나무 앞에서는 그 기운을 삭힐 듯하다. 우직한 장수의 붉은 단심이 배롱나무꽃으로 피어나고 있다.

 그분은 초야에 묻힌 선비였다. 과거에 2등으로 뽑혔으나 글의 내용이 임금의 뜻에 거슬려서 파방되고 말았다. 당시는 조정 당쟁이 치열했던 때라 임금의 시정을 꼬집는 글을 쓰고 스스로 낙방거사를 자처했다. 동인 천여 명이 화를 입은 기축옥사己丑獄事도 이때 일어난 일이었다. 정치란 그때나 지금이나 권력의 포장이다. 관직을 포기한 채 세상과 담을 쌓고 고향 의령에서 여생을 보내고자 결심한 그는, 문인이자 무관이었다. 남강과 낙동강이 만나는 거름강의 돈지에 강사를 짓고 천여 권의 책을 내리읽었다. 그가 바로 망우당 곽재우 장군이다.
 시대는 영웅을 만든다는 말이 있다. 영웅은 결코 숨어 있을 수가 없다. 임진왜란이 일어난 지 열흘이 채 안 되어 곽재우는 싸우기를 결심한다. 마을 둥구나무에 북을 매달아 의병을 모았다. 선비가 칼을 뽑은 것이다. 선비는 원래 붓으로 싸우고 무인은 칼로 싸운다. 붓은 평화 시절에, 칼은 난세에 필요한 연장이지만 나라를 사랑한 진정한 인물은 붓과 칼을 함께 사용할 수 있어야 한다. 그 원칙은 예나 지금이나 다를 바 없다.
 사람들은 그를 홍의장군이라 칭하였다. 백마를 타고 홍의를 날

▲ 정암진 솥바위

리며 싸우던 그는 왜병에게 귀신같은 존재였지만 조선 백성에게는 신과 다름없었다. 그는 단순히 용기만 가진 인물이 아니라 지혜도 겸했다. 똑같은 홍의를 입힌 매복병들을 왜군이 지나는 길목에 배치하여 교란을 꾀하기도 했다. 그가 이끄는 의병 전투는 승전이 이어졌는데 무엇보다도 붉은 옷의 몫이 컸다. 장수의 위엄과 애국심이 붉은빛으로 나타났으니 어찌 적이 두려워하지 않았겠는가.

의령관문을 지나니 여름날 붉은 길 사이로 남강변이 눈에 들어온다. 왜군이 전주와 남원을 침입하기 위해 건너야 했던 정암진 나루가 있는 곳이다. 정암진은 물이 워낙 깊은 데다 얕은 곳은 진창이어서 왜병은 마른 곳으로 강을 건너기 위해 곳곳에 말뚝을 세워놓았다. 곽재우는 이를 간파하고 말뚝을 엉뚱한 곳으로 옮겼고 이에 속은 적은 진창에 발이 묶이게 되었다. 수풀 속에 매복한 의병들의 공격에 대패한 적장은 의병을 간과한 점을 두고두고 후회하였으리라. 굽이쳐 흐르는 남강을 바라보니 서릿발 같은 장군의 호령소리가 지금도 들려오는 듯하다.

정암진 전투의 대승에 홍의장군은 징과 꽹과리를 치며 횃불을 높이 들었다. 마치 처용무를 추듯 붉은 도포 자락을 휘날리면서 홍의의 승전무를 베풀었지 싶다. 당당한 징 소리에 적의 사기는 떨어지고 장엄한 춤사위의 호기에 왜병은 감히 근접하지 못했을 게다. 고려인이 처용의 화상畫像으로서 잡신을 물리쳤듯이 의령 사람들은 홍의장군의 기상을 철옹성으로 여겼기에 난국을 버틸 수 있지 않았을까.

　의령천에서 충익사로 들어가는 길에는 백일홍이 양옆으로 피어 있다. 붉은 백일홍나무 한 그루가 홍의장군의 명령을 받은 병사인 양 반갑기 그지없다. 여름 오후라 내방객이 없어 한적하기 이를 데 없다. 1층 전시관 전면에는 붉은 도포를 입고 백마에 앉은 홍의장군이 있었다. 기마상의 위용 넘치는 모습에 고개를 숙이니 "논공행상은 논하지 말라."고 유시한 내용이 귓전을 메운다.

　그때였다. 이곳의 안내자가 기마상도의 신비한 현상을 설명해 주고자 했다. 바닥에 설치된 노란 선을 따라 앞뒤로 다녀보라고 했다. 그가 일러준 대로 장군의 초상화를 마주한 채 발걸음을 옮겼다. 그런데 이게 웬일인가. 장군이 탄 백마의 눈이 나를 따라 움직이는 것이 아닌가. 착시 아닌 착시 현상이 방문객의 마음을 옭아맨다. 장군의 충혼이 죽어서도 살아 숨 쉬는 것일까. 아니면 내 마음속에 나라를 생각하는 마음이 조금이나마 있는가 지켜보는 눈길은 아닌지. 두렵기도 하고 경외롭기도 하다.

한때 조정의 눈길은 홍의장군을 외면하였다. 눈을 부릅뜨고 나라를 지켰는데 병기 도적으로 몰린 것이다. 눈먼 사람들 속에서는 눈 뜬 사람이 제구실을 못하게 마련이다. 끝내 장군을 죽이라는 방까지 붙었다. 사필귀정이라 누명은 벗겨졌으나 장군의 가슴에는 전쟁보다 더 큰 상처를 안게 되었다. 거짓말이 귀를 어지럽히는 세상을 한탄한 채 임금의 허락 없이 군영을 떠났기에 귀양살이도 비켜갈 수 없었다. 장군은 2년간의 유배 후 고향에 돌아와 망우정이란 정자를 짓고 그곳에서 말년을 보냈다. 당시 지은 시 〈歸江亭〉이 아래와 같이 전해진다.

> 誤落塵埃中 三千垂白髮
> 어지러운 세상일에 그릇쳤던 몸
> 백발만이 수없이 드리웠구나
>
> 秋風夜菊香 策馬歸江月
> 가을바람 들국화 향기 날릴 때
> 달빛 어린 강가로 돌아 가노라

세상의 근심을 잊는다는 정자 이름처럼 세상을 잊는다 하였지만, 어찌 나라의 안위를 걱정하지 않을 수 있었을까. 영창대군을

신구하는 상소문을 올린 이유도 나라 사랑의 성품 때문이 아닌가 싶다.

　충익사를 지나 유곡천을 건너니 들판 한가운데 아담한 마을이 보인다. 세간리 마을이다. 마을 어귀에 들어서자마자 동체 굵은 둥구나무 한 그루가 눈에 들어온다. 우뚝 선 나무 밑으로 한적한 마을이 평온하게 잠들어 있다. 마을의 지붕 하나하나까지 그 나무 밑에서는 다소곳이 고개를 숙이고 있다. 엄숙하고 조용한 분위기를 감히 깨트릴 수 없다. 발소리를 죽여 나무를 향해 다가갔다.
　나무 허리에는 색색의 금줄이 매어져 있다. 당산나무로서 마을을 지켜온 표식이다. 붉고 노랗고 푸른 오색의 색깔이 어떤 것은 낡고 어떤 것은 새것이다. 이 나무를 얼마나 소중히 여기고 있는가를 한눈에 알 수 있는 징표다. 마을 주민들이 마치 나무를 홍의장군이라 여기어 장군의 허리에 감사의 금빛 허리끈을 매어준 것처럼 보인다. 사람들은 그 나무의 영험한 힘으로 마을의 악귀를 물리쳐주기를 기대하며 금줄을 매고 제를 올려 받들어왔다. 이 나무는 보통 동네의 당산나무와 다르다.
　현. 고. 수.
　북을 매단 나무다. 매달 현懸, 북 고鼓, 나무 수樹, 현고수라고 이름 붙여진 까닭은 임진왜란이 일어났을 때 의병대장 곽재우 장군이

▲ 현고수

북을 매달아 쳤기 때문이다. 역사가 깃든 나무가 이제 마을을 지키는 서낭나무로 우뚝 섰다. 우람한 모습으로 보아 가히 전승목으로 불러줄 만하다. 세 사람 정도 붙어야 겨우 붙잡을 수 있는 아래 둥치 하며 사방으로 뻗은 가지가 당당하기 이를 데 없다. 현고수야말로 마을의 터주 어른이다. 집안 어른 주위에 식솔이 모여들듯이 현고수 주변에 마을 주민들이 모여든다.

나는 나무 밑에 있는 동네 노인에게 다가가 "마치 나무에서 북소리가 들리는 듯하네요."라고 말을 건넸더니 노인의 얼굴에 환한 미소가 퍼지면서 맞장구를 쳐준다. 아직도 현고수는 북소리를 머금고 있기에 소리를 듣고자 하는 이에게 울림의 파동을 전해주는 것이라고 여겨본다.

나무는 역사의 나이테로 자란다. 육백 년 세월을 거친 몸피는 그간의 자랑스러운 역사를 말해주는 듯 현고수는 깊은 그늘을 드리우고 있다. 찬찬히 나무를 살펴보니 성한 것만은 아니다. 어찌 오랜 세월을 제 몸으로 버틸 수 있을까. 몸체 중간 중간에는 빈속을 채워놓은 수술 자국이 선명하다. 하지만, 그 수술 자국조차 목질로 변하고 있는 듯하다. 하지만 임진왜란 때 용감하게 싸운 의병들의 혼이 고스란히 지금까지 살아왔음인지 다행히 윗가지는 생생하여 무성한 잎을 달고 있다.

그런데 유독 한쪽 가지가 휘어져 있다. 북을 걸어둔 흔적일까. 어쩌면 최초로 의병을 일으킨 장군의 기백을 맞이하여 스스로 몸을 굽힌 것은 아닌지. 몸을 굽힌다는 것은 항복을 뜻하기도 하지만 충절에 감복하는 뜻이 더 클 게다.

속리산 법주사 앞에도 정이품송 나무가 있다. 그 나무는 세조가 탄 수레가 지나갈 수 있도록 가지를 들어 올려 길을 내주었기에 임금으로부터 정이품의 품서를 받았다. 현고수는 그 나무처럼 국가에서 인정하는 벼슬을 얻지는 못했지만 충심에서는 더 높다고 생각된다. 나무가 임금에게 고개를 숙이고 나라를 구한 의병에게 고개를 숙였듯이 이제 사람들이 나무에게 고개를 숙일 때다.

바짝 다가서서 나무에 기대어보고 껴안아도 본다. 마치 그 옛날 사람들의 손길을 만지는 것 같다. 장군도 전장으로 나서면서 비상한 각오로 나무둥치를 어루만졌을 것이며 북소리를 듣고 모여든 의병들 또한 나뭇등걸에 손을 얹고 현고수 결의를 다지지 않았을까. 그들에게 이 나무는 단순한 나무가 아니라 조국과 민족 그 자체일 것이다. 내 생각에 동의라도 하듯 나뭇잎도 바람에 일렁거린다.

현고수 주위를 천천히 돌아본다. 지금까지 나는 가장 선한 것은 물이라고 생각하여 상선약수上善若水라는 말을 무척이나 좋아했다. 그러나 이제 세상에서 가장 의로운 것은 나무가 아닐까 싶다. 물은 세상 순리에 따라 위에서 아래로 흐르지만, 나무는 인본의 도리에 따라 아래에서 위로 오르는 것이 아닌가. 따라서 앞으로 내가 마음속에 지녀야 할 말은 상선약수上善若樹라고 여겨진다.

떠나야 할 발걸음이 아쉽기만 하다. 돌아오는 길에도 배롱나무 가로수가 우직한 장수의 단심같이 붉은 꽃물을 올리고 있다. 이곳에는 배롱나무조차 홍의병목紅衣竝木인 양 의기롭다. '떠나간 벗을 그리워한다.'라는 꽃말도 예사롭지 않다. 홍의장군의 넋이 깃든 의령의 붉은 길에 둥둥둥, 북소리 흩어진다.

시대의 디아스포라
― 삼오당三誤堂을 찾아서

낡은 표지가 세월을 말해준다. 책장은 버짐이 앉은 듯하고 속지는 누렇다 못해 겨울 나뭇잎처럼 바스락거린다. 코를 가까이 대면 행간에서 묻어나오는 종이 냄새가 고향집 흙담처럼 익숙하게 다가온다.

삼오당三誤堂 김소운의 첫 수필집 ≪마이동풍첩馬耳東風帖≫이다. 단기 4287년(서기 1954년)에 서울 남향문화사에서 발행한 237쪽의 정가 '200환'짜리 책으로, 두 모서리를 기계로 절단하지 않아 우툴두툴한 채로 제본되어 있다. 초판이 나온 후 2년 뒤에 재판되었지만 지금은 국립도서관 보존서고에서도 찾아보기 어려운 귀한 책이다.

얼마 전, 이 책을 17년간 소운 선생을 섬겼던 J선생과 인연이 되어 물려받았다. 늦은 나이에 국문학 공부를 하는 나를 눈여겨보면서 문학의 정석을 삼으라는 뜻으로 건넸지 싶다. 어쨌든 글감이 떠오르지 않거나 글줄이 막힐 때면 이 책을 펼쳐들고 〈도마 소리〉, 〈목근통신木槿通信〉, 〈중절모자〉 등을 읽으며 생각의 기운을 뻗치려 노력한다. 1951년 부산에서 집필한 '日本에 보내는 편지'라는 부제가 붙은 아래 글은 언제 읽어도 충격으로 다가오는 명문이다.

> 내 어머니는 레푸라(문둥이)일지도 모릅니다. 그러나 나는 우리 어머니를 크레오파토라와 바꾸지 않겠읍니다.
> — 위의 책 213쪽, 〈목근통신〉 일부

이는 "외국에서 태어났다면 더 많은 일을 했을 텐데."라는 미국인의 질문에 대한 답으로 일본인들의 오만과 편견에 독설의 일침으로 통쾌하게 꾸짖고 있다. 은원恩怨의 나라 일본의 한국에 대한 멸시에 자신이 어느 순간이나 한국인임을 저버리지 않음을 나타낸 것이다. 그는 "향토鄕土는 내 종교이었다."라는 말을 가슴 속에 평생 십자가로 지니면서 조국에 대한 열정을 품어 안았다. 빼앗긴 조국일지라도 그에게 있어 극락정토보다 더 그리운 어머니의 품이 아닐 수 없었다.

소운은 1908년 1월 5일 부산 영도에서 구한국 탁지부度支部(옛 재경부) 관리의 아들인 김옥현과 어머니 박덕수 사이에 장남으로 태어났다. 그의 조부 김치몽은 한국인이 세운 부산 최초 교회인 제일영도교회 설립자이기도 하다. 소운은 지금의 영도초등학교 분신인 옥성보통학교 4년을 다니다가 1919년 영도 3·1운동의 주축인 '절영도 소년단장' 사건으로 졸업 반 년을 남겨둔 채 중퇴하게 된다. 그 후, 종형을 따라 석탄배를 타고 일본으로 밀항하였다. 해방 직전에 귀국하여 광복동 동장을 지낸 이력도 있으며, 1945년에는 광복동에서 그릴 '백랑白廊'을 운영하였고, 동래의 언덕배기에 혼자 생활하면서 서울 문단을 왕래하기도 했다. 1952년에는 동래고교 교가의 노랫말을 만들기도 했으나 반정부분자로 낙인찍히면서 청마가 지은 새 가사로 바뀐 내력도 있다. 1946년 9월 10일 ≪부산일보≫ 창간호 4면 한가운데에는 김소운의 〈가을〉이라는 시가 2단 크기 박스형식으로 실리기도 했다.

이러한 부산과의 인연으로 1998년 2월 21일 '우리문학기림회'가 주축이 되어 영도에 선생의 문학비가 세워졌다. 김소운 문학비는 영도구청을 조금 지나 동삼동 산 134-1번지의 길가 쌈지공원에 조그맣게 자리하고 있다. 이곳 공원은 절영해안산책로와 태종대 감지해변산책로가 연계되어 있으며 간이 체육시설 외에 효자권장비, 장승과 솟대 등이 어우러졌고 부산 북항의 전경을 한눈에 내다볼 수 있다. 시정視程이 좋은 날은 문학비 뒤쪽으로 오륙도는 물론 대마도까지 선명히 보인다. 이제 소운의 넋은 이곳 고향 언덕에서 일본과 한국을 넘나들며 자유로이 시상을 다듬고 있지 않을까.

▲ 영도의 김소운 문학비 앞에서
그의 아들 김인범 씨(2011. 3. 29)

문학비와 관련하여 한 가지 재미있는 일은 우리나라 최초의 문학비 건립을 발의한 사람이 김소운이란 사실이다. 일본에서 1945년 3월에 다시 귀국한 그는 1948년 대구 달성공원에 〈빼앗긴 들에도 봄은 오는가〉의 시인 이상화를 추모해 시비를 세웠다. 자신의 전 재산을 팔아 시비를 세운 까닭 중 하나가 일본인 골동품을 물려받아 떼부자가 되었다는 소문 때문이다. 김소운이 동래 일신여학교 뒤에서 가축들을 기르고 모종을 가꾸면서 세상과 담을 쌓고 있었을 때 이야기다. 그 때문에 청마까지 그를 오해하게 되었다. 청마와의 우정은 그의 수필에서도 확연히 나타난다.

영하 40 몇 도의 북만으로 돌아간다는 청마가, 외투 한 벌 없는 '세비로 바람'이다. 당자야 태연자약일지 모르나 곁에서 보는 내 심정이 편하지 못하다. 〈중략〉 '콩쿠링'을 청마 손에 쥐어 주었다. 만년필은 외투도 방한구防寒具도 아니련만, 그때 내 심정으로는 내가 입은 외투 한 벌을 청마에게 입혀 보낸다는 기분이었다.

- 같은 책 49쪽, 〈외투〉 일부

  1945년 3월 김소운이 만주에 가는 길에 청마를 만나기 위해 천릿길을 달려 하얼빈으로 갔다. 청마 역시 4백 리를 달려 그곳으로 왔을 만큼 막역지우였지만 이 일로 청마도 그를 외면한 것이다. 그리하여 소운은 자신의 진실을 알리기 위해 사재를 다 털어버리기로 작정하였다. 그는 가축이며 미수확의 농작물과 가재도구를 헐값에 팔아넘겨 빚을 갚고 남은 돈과 문단 선후배로부터 기금을 거두어 상화 시비를 세운 것이다. 소운의 '상화시비제막기'라는 수필에서 모금액수와 기탁자 명단을 낱낱이 밝히고 돈의 사용처까지 일일이 기록한 점도 그의 결벽성을 보여준다랄까. 어쩌면 상화의 시비를 세운 것은 청마와의 우정을 위한 것이라고도 할 수 있겠다. 그 후, 청마와 소운의 관계는 청마의 처녀시집 ≪청마시초≫를 구본웅의 아버지가 경영하는 창문사에서 내도록 주선하여 주고 〈생명의 서〉, 〈울릉도〉에 수록된 시를 김소운이 선하는 데서 다시 회복되었다.

  김소운은 대단히 불행한 소년기를 보냈으며 격정의 삶을 살았다. 세 살 때 부친이 친일파로 몰려 의병의 총탄에 세상을 떠났고, 재혼하여 러시아로 떠난 어머니 박덕수와도 생이별하고, 부산, 진주, 서울, 목포, 진해, 김해로 떠돌이 생활을 해야만 했다. 그러다가 13세 때 일본을 갔다가 몇 번의 귀국과 도일을 거쳐 평생 30여 년을 일본에서 보내게 된다. 심지어 제1공화국 정부에 의해 입국 금지조치를 당하는 불운도 겪었다. 1952년 베네치아 국제예술가회의에 한국대표로 참석하고 귀국하던 중, 도쿄에서 朝日신문사와의 인터뷰 중 "한국이 악성 피부병이라면 일본은 척추카리에스에 걸려 있다."라고 한 비유가 문제가 되어 무려 13년 동안 한국에 들어올 수 없었다. 이러한 그를 두고 시인 구상은 '생래적生來的인 떠돌이'라고 불렀으며 자신도 "나는 절굿공이다. 나는 넝마주이 공부를 했다."라고 표현했을 정도이다.

 그의 애정 곡선도 순탄하지만은 않았다. 수필 〈도마소리〉에서 밝혔듯이 집안끼리 승인한 첫사랑 연이와의 애틋한 사랑이 파산되고, 1927년 9월 일본인 小川靜子와 결혼하였으나 1944년 1월 민족감정의 불협화음으로 서로의 연분을 정리하게 된다. 1945년 11월에는 동향인 김한림과 결혼하여 아들 인범, 딸 영과 윤을 두었으나 방랑생활이 몸에 밴 터라 부산과 진해에서도 온전히 가족을 두고 혼자 기거하는 기간이 많았다. 아베 총리 전부인 아키에 여사와 친구이며 우리나라에도 잘 알려진 일본 가수 사와 도모에[澤知惠]

가 김영의 딸, 즉 소운의 외손녀이다. 결국, 서울 생활에서도 가족과 별거하여 지내다가 1981년 11월 2일 오전 10시 서울 강남구 서초동 화원연립주택 206호 자택에서 췌장암으로 타계할 때까지 십여 년간 이민정 여사가 마지막 뒷바라지를 하였다. 수필가 고임순은 〈가을을 앓는 여인〉이란 글로써 소운 선생과 이 여사의 이야기를 풀어낸 바 있다.

소운의 문학은 1923년 ≪시대일보≫에 시 〈신조信條〉를 발표하면서부터 시작되었다. 그가 도쿄 가이세이[開成]중등학교 야간부에 재학 중 관동대지진으로 그만두고 일시 귀국할 무렵이었다. 그 후 19살에 다시 도일, 시 잡지 ≪지조라쿠엔[地上樂園]≫에 '조선농민가요'를 연재하면서 우리네 구전 동·민요의 수집에 정열을 쏟았다. 이국에서 조국의 혼이 담긴 노래를 일본어로 옮기던 중, 스무 살 나이로 ≪조선민요집≫ 원고를 싸들고 일본문단의 상징이던 기타하라 하쿠슈[北原白秋]를 찾아간다.

당시, 밤 아홉 시가 넘어 문을 두드린 젊은 불청객에 대해 하쿠슈의 첫 마디는 "이런 기막힌 시심이 조선에 있었다니!"였다. 하쿠슈는 서문을 써서 가이조샤[改造社]에 출판을 소개했고 당대 일본 시단의 대가 30명을 동경 명월관에 초청, 소운 소개의 밤을 열기도 했다. 번역을 해서 일본의 권위 있는 출판사인 이와나미 문고[岩波文庫]에서 나온 ≪조선 동요집≫과 ≪조선 민요집≫은 아직도 중

판을 하고 있을 정도로 높은 평가를 받고 있다.

소운의 활동분야는 다방면에 걸쳐 있었다. 그는 한일 양국을 오가며 제국통신의 지사 기자, 조선일보 통신원, 매일신보 기자, 그릴의 주인, 일본에서는 ≪Korean Library≫라는 잡지를 발행하는 등 많은 직업에 종사했다.

또한, 소운은 좋은 친구를 많이 거느린 것으로도 유명했다. 꼽추 화가 구본웅을 비롯하여 이상, 박태원, 최서해 등과 절친했던 점 등 그의 반세기는 에피소드의 연속이었다.

여러 문인의 증언을 미루어보면 예인다운 기벽도 상당했던 것으로 짐작된다. 강아지를 아주 좋아하여 이웃집 개에게 매일 카스테

▲ 1954년에 발행된 ≪마이동풍첩馬耳東風帖≫

▲ 앞줄 왼쪽 이상, 김소운, 뒷줄 박태원

라를 사주어 개가 주인보다 자신을 따르게 하였고, 넥타이와 지팡이를 유난히 자주 사 모았다고 한다. 열대어와 난초 기르기까지 유독 정성을 기울인 것도 일종의 고독 해소책이 아니었을까 짐작한다. 오죽하면 수유리 집을 '어수원魚睡園서실'이라고 이름 붙였을까.

 구상 시인의 회고담도 흥미롭다. 그가 1947년 갓 월남을 해서 한때 명기자였던 박성환 집에 기숙한 적이 있는데 그때 동숙자가 바로 김소운이었다고 한다. 구상 시인은 그의 놀라운 언행을 가리켜 "막말로 하자면 마치 돈키호테의 실물을 보는 느낌이었다."라고 지적했다. 수필가 김시헌도 언젠가 대구에서 김소운 선생과 종일 같이 다녀 본 적이 있었는데 하루에 세 번이나 크게 격분하는 것을 보았다고 한다. 식당에서는 방바닥을 닦지 않았다고 큰소리쳤고, 다방에서는 거스름돈을 안 가져 왔다고 정직성을 꾸짖었고, 도화사 근처에서는 도토리묵에 밀가루를 섞었다며 또 화를 냈다고 한다. 젊었을 때는 '바이런'의 흉내를 내기 위해 오릿길을 일부러 절룩거리면서 걷기도 했고 일본에서는 고의로 하얀 바지저고리를 입고 다녔다는 일화도 유명하다. 이러한 비평충동이 행동주의 문학을 낳게 했을는지 모른다.

 인간이나 인생이라는 것은 그 자체가 모순투성이고 부조리하다. 그리고 그런 인생을 바라보는 시각에 평화로운 비둘기만 나오는 것은 아니며 그런 부조리를 보고 고뇌에 빠지고 괴로움을 겪고 분노를 느끼는 것이 우리 인생이다. 수필이라는 것은 그런 것을 표현한 것이어야 하는데, 그러기 위해 그 분노는 항상 밑바닥에 사랑을 깔고 있는 것이어야 한다.

― 〈수필의 눈〉 일부

자신의 수필관과 문학적 방향을 나타낸 글이다. 선생의 이상주의적 행동성이 글이나 인품에 한결같이 드러났기에 무수한 파란을 몰아도 왔고 또 이를 이겨내었다고 생각된다. 십대 소년으로 집을 나와 서울과 만주를 방황한 것이라든지 결혼하여 아이를 낳고도 집안을 돌보지 않고 홀로 떠돈 점 등 수많은 에피소드는 가난과 호기로 엮어진 것이라 여겨진다.

그는 처음에 시를 썼고 나중에 특유의 시사성이 있는 수필을 쓰면서 인생 체험담을 통한 애환들로 감동을 줬다. 1965년 영구 귀국 후 작고하기까지의 마지막 시기에는 수필에만 전념했다. 그는 첫 수필집 ≪마이동풍첩馬耳東風帖≫(1952)을 낸 뒤부터 서간체 장편 수필로 일본에서도 반향을 일으킨 ≪목근통신木槿通信≫(1952), ≪삼오당잡필三誤堂雜筆≫(1955), 일문日文으로 된 수필집 ≪은수삼십년恩讐三十年≫(1954) 등 13권의 수필집과 5가지 종류의 번역집을 남겼다. 이러한 문학의 열정 때문에 한국 현대 문단을 대표하는 한 사람으로서 미치는 영향이 크다. 〈외투〉, 〈특급품〉, 〈가난한 날의 행복〉

등은 그의 대표작으로 수필의 향기와 힘이 무엇인가를 깨닫게 해주는 글이다.

　김소운의 친일 혐의에 대해서도 논란이 없지는 않았다. 하지만, 부인과 딸이 민주화 투사였고, 친일 작품 발표 시기가 강압적인 분위기가 조성된 일제강점기 말기에 몰려 있고 편수가 적은 점, 평생 한국 문학을 번역하여 일본에 소개한 공으로 1980년 은관문화훈장을 받았다는 점 등 여러 요소로 2008년 발표된 민족문제연구소의 친일인명사전 수록예정자 명단에서는 제외되었다.

　평소 그는 "임종 직전 내가 아끼던 독한 술 한 병을 뒷주머니에 꿰차고 힘이 다할 때까지 높은 산을 오르겠다. 오르다가 죽기 직전에 이 술을 한 잔 마시면서 생을 마치겠다. 그러나 과연 내가 몇 부 능선에서 죽을지 궁금하노라."고 말했다. 그러나 실제로 술은 대작하지 못했고 담배만은 공초空超 오상순 다음이라 불릴 만큼 애연가였다는 후문이다. 생의 마지막 수필에서 "내 뜻을 남이 못 알아준다는 것은 슬픈 일이요, 억울한 노릇이다. 그러나 그렇다고 인생에 절망할 까닭은 없다. 오해도 비난도 없는 인생. −그런 인생은 아마도 멋없고 심심한 인생이리라. 맵고 짜고 쓰고 달고− 그것이 인생의 참맛이 아니겠는가."라고 썼다.

　문인이라면, 더구나 수필가라면 소운의 저서 중, 단 한 권이라도 정독해야 하지 않을까 감히 생각해본다.

해풍海風과 문풍文風의 멋
– '고산'을 읽다

1. 직신直臣의 삼성대

기장 일광 해변.

모래사장이 소나무 숲인 강송정에서 학리 어구까지 아늑한 원을 그리며 펼쳐져 있다. 멀리 보이는 갯바위 주변에는 조사釣士들이 고송마냥 드문드문 앉아있다. 석양 사이로 배 한 척이 고요하다. 일광팔경 중, 해 질 녘 학리 포구에서 붉은 낙조 속으로 흰 돛을 올리고 무리 지어 오선이 출어하는 광경을 '학포범선鶴浦帆船'이라 한 말이 윤선도의 〈어부사시사漁父四時詞〉와 함께 떠오른다.

동풍이 건 듯 부니 물결이 고이 인다.
닻 들어라 닻 들어라
동호를 바라보며 서호를 가자스라
지국총 지국총 어사와
앞 뫼는 지나가고 뒷 뫼는 나아온다.

- 〈어부사시사〉 中, 춘사春詞 제3수

봄날 순풍에 돛을 단 배가, 고기를 잡아야 생계를 유지하는 상황이 아니라 강촌의 풍류를 즐기는 윤선도의 여유로움과 닮은 듯 하다.

일광해변에는 2005년에 세워진 '고산 윤선도 선생 시비'가 있다. 그는 정철, 박인로와 함께 3대 가인으로 조선시대의 시가문학의 최고봉을 이룬다. 그러나 정치권력에서 소외된 남인으로 세 차례의 유배 생활을 한 파란만장한 17세기 조선사회의 풍운아다.

고산이 30세 때인 1616년(광해군 8년)에는 당시 국사를 마음대로 전횡하던 이이첨, 박승종 일파의 죄상을 밝히는 상소문인 병진

▲ 윤선도 시비

▲ 삼성대

소丙辰疎를 올린 것이 화가 되어 이듬해인 1617년 1월 함경도 경원으로 유배되었다. 그 후, 1618년 겨울에 고산은 기장으로 다시 이배되었고, 인조반정(1623년)으로 풀려날 때까지 5년 가까이 이곳 기장에서 귀양살이를 하였다.

고산은 1587년(선조 20년)에 서울 연화방(서울 종로구 연지동)에서 출생해 1671년(현종 12년)에 보길도 부용동에서 세상을 떠났다. 아버지 유심惟深과 어머니 순흥안씨의 세 아들 중 차남으로 태어났으나 8세 때 백부인 관찰사공 유기惟幾에게 양자로 들어갔다. 17세에 남원윤씨(판서 윤돈의 딸)와 결혼하여 3남 2녀를 두었는데 인미, 의미, 예미 그리고 두 딸이 있으며, 첩에게서는 2남 3녀를 두었다. 증손자 공재 두서斗緖는 국보 240호 자화상을 그린 화가로 잘 알려져 있다.

학리포구 방향의 백사장 가운데 언덕진 곳이 삼성대三聖臺이다. 유배지를 방문하였던 동생과 이별하였던 곳으로 유일하게 ≪고산유고孤山遺稿≫에 나와 있는 지명이다.

삼성대 위로 올라서자 400년 전 고산의 서러웠던 심사를 짐작이

나 한 듯 눈발이 흩날린다. 고산이 35세 때인 1621년(광해군 13년) 겨울, 서울에서 동생 선양이 찾아와 납전해배納錢解配를 제안한다. 하지만, 불의와 타협하지 않는 성품 때문에 돈을 내고 유배를 푸는 시세를 따르지 않고 거절하였다. 그때, 선양을 떠나보내며 〈증별소제贈別少弟〉란 제목의 시 두 수를 주었던 것이다. 이곳 '고산 윤선도 선생 시비'에 그 내용이 새겨져 있으며 첫수를 읊어본다.

> 네 뜻을 따르자니 새로운 길 얼마나 많은 산이 막을 것이며
> 세파를 따르자면 얼굴이 부끄러워짐을 어찌하리오
> 이별을 당하여 오직 천 갈래 눈물만이
> 너의 옷 자락에 뿌려져 점점이 아롱지네
>
> — 〈증별소제贈別少弟〉 中, 첫수

어린 시절 양부모 밑에서 지낸 고산은, 자신의 욕망을 억압하고 통제하는 자아가 매우 발달하였다. 그러한 성향은 정분보다는 이치를 중시하게 하였고, 자신을 굽히지 않는 자기 확신을 가지도록 하였다. 이러한 고산의 분노와 설움은 기장에서 유배생활 동안 지은 〈병중견회病中遣懷〉에서도 나타나는데, 그 중 한 수의 내용도 이곳 시비에 새겨져 있다.

> 편히 살기 위해서 도깨비를 막음이 어찌 나만의 즐거움이랴

나라사랑하는 마음 먼저 가졌기에 모든 것이 절로 걱정이네
산 넘어 옮겨사는 괴로움을 가련하게 여기지 마오
서울 바라보니 도리어 막힘이 없구나

― 〈병중견회病中遣懷〉 中, 한 수

정의감과 절의정신이 몸에 밴 윤선도는, 나라가 바르게 가지 못하거나 나라의 예禮에 어긋남이 있으면, 곧바로 상소하고 항의하는 직신直臣의 정신을 올곧게 지켰다. 그러기에 〈병중견회〉 또한 불의에 맞서 바르게 살고자 하는 고산의 강력한 의지를 담은 것이라 여겨진다.

2. 황학대에 부는 옛 소리

고산의 은둔지는 우리나라 전역에 걸쳐 퍼져 있다. 기장의 죽성리 일대 이외에도 사적지로 지정된 해남 녹우당, 보길도, 금쇄동을 비롯하여 최근에는 경기도 남양주시 수석동이 고산촌인 것으로 밝혀졌다.

고산의 첫 번째 유배생활은 대부분 기장에서 보냈다고 할 수 있다. 그런데 고산연보를 보면 고산의 나이 33세인 1619년 4월 28일

3남 예미禮美를 낳았다고 나온다. 고산이 3남인 예미를 기장에서 낳은 점을 보아 당시 가족과 함께 유배생활을 하지 않았나 짐작해 볼 수 있다. 또한, 기장 유배생활 중에 양아버지 윤유기가 세상을 떠나 고산은 유배지에서 상喪을 치르기도 했다.

이곳에서 고산은 많은 서적을 어렵게 구해 탐독했으며, 13편(한시5, 제문1, 서7)의 글을 남겼다. 또, 마을 뒤 봉대산의 약초를 캐어 병마에 시달리는 사람들을 보살피곤 했기에 기장 사람들은 고산을 서울에서 온 의원님이라 불렀다는 이야기가 구전되고 있다.

죽성포구를 둘러본다. 포구 앞에는 방파제가 둘러싸였고, 방파제 너머 거북섬 위에 갈매기 떼가 그림처럼 앉아있다. 이곳은 수년 전까지만 해도 백사장과 해송림이 펼쳐져 있었으며, 뒤쪽으로 죽성리 왜성이, 북쪽에는 용두대가 이어진 해안의 절경지이다. 투명한 겨울 바다에 통발배 한 척이 긴 그림자를 끌며 황학대를 향해 물살을 가른다.

기장機長은 동해 모퉁이의 해가 맨 처음 뜨는 곳이다. 기장의 눈알 같은 '황학대黃鶴臺'는 유배생활 중 고산이 매일 찾은 장소로 이름나 있다. 죽성리 왜성에서 바다 쪽으로 가면 두호마을 중간쯤에 30여 그루의 해송이 자생하는 자그마한 언덕배기를 만날 수 있다. 연황색 바위가 길게 한 덩어리를 이룬 채 바다에 돌출된 곳으로 본래 이름은 학바위다.

황학대는 차성車城(부산 기장군 기장읍의 옛 별호)의 아름다운 산천경관을 읊은 기행체 가사인 〈차성가車城歌(1860)〉에도 잘 나타나 있어 이곳이 경승지임을 알려 준다.

두호에 닻을 놓고 왜선창에 줄을 맨다.
황학대 어디메뇨 백운이 우유하다.
― 〈차성가車城歌〉 中 일부

실제로 수십 그루의 노송에 싸여 있는 황학대는 옛날 신선이 황학을 타고 하늘로 올라갔다는 중국 양쯔강 하류에 있다. 고산은 이태백, 도연명 등 많은 시객이 찾아 놀던 황학루를 이곳에 견주었고, 이곳 지형 또한 금빛 황학이 날개를 펴는 모습과 닮았기에 스스로 황학대라 불렀다. 당시 이곳에는 초가만 몇 채 있었고, 죽성천 강물이 바다와 만나는 곳에 백사장이 있었다고 하는데, 고산은 파도소리를 벗 삼아 자신의 시름을 달래는 장소로 삼았으리라.
황학대 남쪽 암벽에는 기장 출신의 벼슬아치들이 새긴 각자가 보이는데 진사 방치주方致周의 친필인 '황학대'라는 세 글자가 아직도 선명하다. 황학대에 오르면 곰솔과 동백 향이 묻어나는 바닷바람의 기운을 느낄 수 있다. 예전에는 화가들이 찾아와 풍경화를 그릴 정도로 풍광이 뛰어났던 곳이다.

하지만, 안타까운 일은 당국의 무관심으로 점차 황폐해진 황학대의 현재 모습이다. 태풍 매미 때 파손되었다는 황학대 표지판은 복구되지 않았으며, 병든 노송이 힘없이 기울었고, 그을음이 묻은 바위 등이 보는 이를 안타깝게

▲ 황학대

만든다. 황학대 모퉁이에는 컨테이너 박스가 방치되었고 각종 폐어구와 생활쓰레기가 널브러져 있다. 그 곁에서 어민들이 무심한 표정으로 미역을 말리느라 분주하다. 세한고송歲寒孤松은 그대로인데 인걸은 간데없다.

3. 고산의 도道와 문文

고산의 문학은 사실에 바탕을 두고 풍부한 상상력과 참신한 이미지를 구사하였다. 그의 시조 75수는 시대의 산물이며 체험의 문학으로서 자연을 문학적으로 접근하는 방법 또한 다양하였다. 자연시인이라 일컫는 고산의 탈속적 삶은 도가적 경지에 이르렀으

며, 그의 도학적 세계관은 작품에서 그대로 반영된다.

 이러한 고산의 성품을 가장 잘 표현해 준 것이 〈오우가五友歌〉이다. 부산시 성지공원의 옥천약수터에 가면 오우가의 첫수가 새겨진 윤선도 시비가 있다.

> 내 버디 멋치나 하니 수석水石과 송죽松竹이라
> 동산東山의 달 오르니 긔 더옥 반갑고야
> 두어라 이 다숫 밧긔 또 더하야 머엇하리
> 　　　　　　　　　　　　　　　 - 〈오우가〉 中 첫수

 오우가는 1640년에 윤선도가 해남 금쇄동金鎖洞에 은거할 무렵 지은 것으로 ≪산중신곡山中新曲≫에 수록돼 있다. 맑고도 그칠 때 없는 물, 변치 않는 바위, 지하의 뿌리 곧은 솔, 사시절 푸른 대나무와 보고도 말 아니하는 동산의 달을 평생 친구로 삼는다는 내용이다.

 그러나 그는 오우가나 어부사시사처럼 자연을 벗 삼고 유유자적하게 산 사람만은 아니다. 조선의 정치와 경제와 사회에 대하여 조정에서 치열하게 논쟁을 하고 상소를 하고 직언을 한 선비였기에 사직과 유배를 반복하는 고초를 겪었다.

 함경도 경원으로 첫 귀양을 갈 때에는 조생趙生이란 기생과의 일

화로 〈희증로방인〉이란 시를 남기기도 했다. 선생이 압송 중 홍원洪原에 이르니 조생이 술과 안주를 가지고 맞이하면서, "내가 벌써부터 영감의 이 행차가 있을 줄 알았습니다." 하였다. 의리만을 생각하고 때에 적절치 못한 상소를 올려서 이 지경이 된 것 아니냐는 뜻이다. 이에 고산이 아래의 시를 지어 사례하였다.

> 내 일이 진실로 제 때가 아닌데,
> 너는 알았지만 나는 알지 못하였네.
> 글을 읽었으나 너만 못하니
> 나야말로 바로 천치天癡로다.
>   - 〈희증로방인〉

이 때문에 조생이란 기생의 이름이 서울에 알려지게 되었고, 이러한 내용은 남원 의병장 조경남이 쓴 야사野史 《속잡록續雜錄》에 기록되어 있다.

경원에서 기장으로 이배되어 떠날 동안 고산은 한문시 43수 외 순수 우리말을 되살린 시조 〈견회요 5수〉, 〈우후요 1수〉를 남겼다. 이것을 포함하여 현재 전하는 고산의 시는 한시가 372수 시조는 75수이다.

문학과 연결시켜 본 고산의 사상을 요약하면 도道가 중심이 되고, 문文은 부수적인 것이 된다. 즉, 문은 도를 실을 때 의미가 있는 것이지 기교에만 치우치거나 경박한 쪽으로 흘러서는 안 된다는 것이다. 고산의 이러한 생각은 다음과 같은 서술에서 잘 나타나고 있다.

> 이 집은 정말로 나로 하여금 세상을 버리고 홀로 서서 날개 단 신선이 되도록 하는 곳이다. 그러면서도 나로 하여금 부자 군신의 윤리에서 벗어나지 않게 하고, 정말로 나로 하여금 물에서 낚시질하고 산을 갈고 하는 흥취와 거문고를 켜고 장고를 두드리는 즐거움을 오로지 하게 하여 종국에는 나로 하여금 옛 선현들의 꽃다운 발자취를 밟아가도록 하고 옛날 훌륭한 왕들이 남긴 유풍遺風을 노래하게 한다.
>
> — ≪금쇄동기金鎖洞記≫ 중에서

고산에게 있어서 흥취는 유학의 도리를 벗어나서는 존재할 수 없다. 깊은 산골짜기에 들어가 있든, 신선이 되어 있든 어떤 경우라도 도의 경계를 벗어나서는 안 된다는 것이다.

평생 20여 년의 유배생활과 그에 상응하는 은거생활을 하였으나 고산의 직언은 지금도 용기 있는 선비로 우리 가슴속에 남아 있다.

문정공 허목이 쓴 고산 윤선도 신도비명 중 묘명墓銘에 새겨진 "비간比干은 심장을 쪼갰고 백이伯夷는 굶어 죽었으며 굴원屈原은 강물에 빠졌는데 공公은 궁하면 더욱 굳으며 죽게 되어도 변치 아니하였으니 의를 보고 죽음으로서 지킨 것은 동일하다."라는 글을 되새겨 볼 때다.

  이제는 고산의 유배지를 지키던 동해남부선의 간이역 '일광역'도 사라졌다. 포구의 갈매기들만 고산의 시를 읊듯 끼룩거린다. 환청과 환시가 어찌 나만의 것인가. 고산을 그리는 문인들에게 모두 그러할 것이다.

에스프리의 섬광
― 玄石 선생의 외로운 문학비

1. 어둠과 고요

 우두커니 앉은 검은 돌이다. 단단한 화강암은 아니요, 반드럽게 윤이 나는 오석도 더더욱 아니다. 비에 젖고 바람에 몸피가 거칠어진 자연석 그대로다. 작은 받침돌 위에 포개어진 몸돌은 풀숲에 숨어 명상이라도 하는 듯 과묵하기만 하다.

대신공원 편백 숲 초입에 자리한 수필가 故 玄石 김병규金秉圭 선생의 문학비를 찾았다. 동아대 병원 입구에서 북서쪽 등산로를 따라 200m 정도 올라가면 세월의 이끼마저 거부하는 듯 고고하게 자리한 돌 하나가 비탈진 길모퉁이에 있다. 관심을 두지 않으면 산계곡의 여느 암석이나 다를 바 없는 형국이다. 돌 위에 너부러진 잡목과 수풀을 걷어내니 흐릿했던 글이 되살아난다.

▲ 효石 김병규 선생 문학비 앞면

    산과 골짜기에 깔린 암흑
은 어둠이라기보다는 숫제 검은 옥 같았다. 그 속에 담긴 고요가 얼마나 클 것인가 하고 마음이 끌렸다. 거기에 안기는 안도감이 나를 유혹하는 것이었다. 그건 그리 엉뚱한 생각이 아닐 것이었다.
                                                    - 〈어둠의 유혹〉 일부

  문학비에 새겨진 간략한 내용이다. 그는 밤길에 본 어둠을 공포라기보다 유혹으로 풀어낸다. 고정된 시선을 달리하면 의식은 가벼워지고 깊어진다. 어둠의 공포를 걷어내었을 때 오히려 어둠에 짓눌려 보고픈 유혹을 느끼게 되는 것이다. 어둠 속에 혼자 있다는 것은 자기 자신으로 되돌아오는 일이므로. 그렇다면, 외로움과 적적함이야말로 진정한 안식과 안도감이 아닐까.

이 문학비는 2001년 4월 21일 개막되었다. 건립추진위원회 위원장 박남규 전 창원대 총장과 지금은 작고한 수필가 정경(1942~2006) 선생이 주축이 되었다. '玄石 선생의 문학활동을 기릴 겸 玄石 수필의 향취를 후세에 남기기 위해 선생이 생전 사색의 뜰로 삼으셨던 이곳 구덕산 기슭에 작은 빗돌을 세운다.'라는 글귀가 뒷면에 작은 글씨로 새겨져 있다.

당시 정경 선생은 서구청의 허가를 받아 문학비 주변 조경에도 신경을 썼다고 한다. 제법 값나가는 소나무도 한 그루 심고 축대를 쌓기도 했다. 그러나 그 소나무는 흔적도 없이 사라졌고, 축대로 보이는 돌무더기는 빗물에 실려 흩어졌으며, 주변의 서너 그루 나무는 생명을 다한 채 새 잎을 피워내지 못했다. 그분의 묻힌 수필 세계를 보여주는 듯하다.

玄石 김병규 선생은 법학자이며 언론인, 수필가였다. 1920년 6월 18일 경남 고성군 구만면에서 김두조金斗祚와 이도위李道渭의 3남으로 출생하여, 2000년 4월 4일 일본 여행 중 81세의 나이로 세상을 떠났다. 대구사범학교 심상과를 졸업하고, 1942년 일본 중앙대 전문부 법과에 입학한다. 그러나 재학 1년 반 만에 일제의 학도병 지원을 피해 중퇴, 1944년에 만주로 떠나 봉천(지금의 심양)에서 중학교 영어교사를 하다 해방을 맞는다. 귀국하여 1949년 변호사 시험에 합격하였고, 1952년 홍익대 법과를 졸업한 뒤 1971년에

는 동아대 법학박사 학위를 취득하였다. 1958년부터 해양대에서 불어를 가르치다가 1964년 이후 동아대 법학과 교수, 대학원장, 부총장을 역임했고, 정년 뒤 1993년 이후에는 동아학숙 이사장을 지냈다.

선생의 문학활동은 부산수필문단 뿐만 아니라 한국수필계에 큰 획을 그었으며 사물을 통찰하는 사유와 사색적인 에세이를 발표했다고 평가받고 있다. 〈인생은 먼지처럼〉, 〈역사의 먼지〉, 〈그저 앉아 있다는 것〉, 〈찬란한 슬픔〉, 〈청동기인의 자화상〉 등과 같은 명수필이 이를 뒷받침해 준다.

저서로는 수상록 ≪木炭으로 그린 人生論≫(1982), 칼럼집 ≪東亞春秋≫(1983), 철학서 ≪문학과 철학의 사이≫(1984), 수필집 ≪회귀回歸≫(1989), 철학에세이 ≪인생산책≫ 1집(1993)·2집(1996), 수필론 ≪바람이 부는 길목에서≫(1999) 등이 있다. 사후에 대표작 선집 ≪어둠의 유혹≫(2001)이 교음사에서 출간되었다.

부산 문단에도 단단한 버팀목이 되어 주었다. 1963년에 부산에서 출간된 한국 최초의 수필 동인지 ≪에세이Essay≫ - 2호부터 ≪隨筆≫로 제호를 바꾸어 2009년까지 통권 제72호 발간 - 에 〈벽서대길壁書大吉〉 외 한 편을 발표하며 박문하, 정신득, 허천 등과 함께 '수필부산동인회' 회원으로 활동하였다. 1985년부터 한동안 '목필' 동인을 이끌기도 하였으며, 한때는 월간문예지 ≪오늘의 문학≫ 발행을 맡아 지역문학 창달에 공헌하였다. 수필문우회 회원, 한국수필가협회 이사로 문단활동에 몸을 담았다. 또한, 선생은 1989년부터 10년 동안 부산매일신문 논설위원을 지냈으며 1996년 부산매일신문에 '인생산책'으로 고정칼럼을 연재하였고, 1995년에는 '제7회 현대수필문학대상'을 수상한 바 있다.

2. 먼지 같은 삶

현석 김병규 선생의 뜻하지 않은 사고는 한국 수필계의 큰 충격이었다. 2000년 4월 4일 아침 6시 30분, 선생은 부부동반 일본 나고야 여행 중 대중탕에서 넘어지는 사고로 그만 생을 마감했다. 부인 방연순房連順 여사는 홀로 현석 선생의 시신을 운구해 왔는데, 그날의 아픈 기억을 떠올리기만 하면 가슴이 무너져 내려서 잠을 이루지 못한다고 했다. 당시 영결식은 봉직하던 동아대에서 부산문인협회장으로 거행되었으며 유택幽宅은 선생의 생가가 내려다보이는 고성 용암산 기슭에 마련되어졌다.

　　　선생님은 평생 출판기념회라고는 가진 적이 없다. 수필뿐만 아니라 법학·철학 등 많은 저서를 펴냈음에도 출판기념회를 권유받을

때마다 '수필은 겸손의 미학'이라거나, '숨어서 사는 인간이 되어야
한다.'는 말씀으로 극구 사양했다. 자녀의 취업 문제도 집안 대소사
심지어 자녀의 혼사까지도 주변 사람이 눈치채지 못하게 치르셨다.
— 정경, ≪에세이문학≫ 2000년 여름호

　평소 현석 선생은 "인생은 먼지며 티끌이고, 먼지처럼 왔다가 먼
지처럼 가는 게 인생이다."라고 하였다. 선생의 청렴한 성품이 철
학적 인생관임을 보여주는 구절이다. 당시 현석 선생을 추모하여
〈근원根源에서 우리 다시 만나리〉라는 글을 쓴 부산의 수필가 정경
선생도 이제는 이승에서 뵐 수가 없으니 더욱 마음이 아려진다.
　올해 81세인 방 여사는 얼마 전 현석 선생의 10주기 추모제를
지냈다고 한다. 대화 도중, 지금도 그날의 화기火氣가 가시지 않아
힘든 마음을 스스로 달래고 있음을 알 수 있었다. 현재 부산시 사
하구 신평동 럭키무지개타운에서 병마와 함께 노년을 보내고 있으
며 슬하 6녀 중 5녀가 생존해 있다.
　내가 선생의 글을 처음 대한 것은 1977년 출간된 범우사의 한국
수필 77인집 ≪아름다운 이 아침에≫라는 1,200원짜리 책에서다.
피천득, 안병욱, 김진섭 등 낯익은 작가를 제치고 유독 선생의 이
름자에 관심을 둔 것은 약력에 쓰인 '한국문협 부산지부 부지부장'
의 '부산'이라는 단어가 반갑기도 했지만, 〈먼지 인생〉이라는 제목

의 깊이 때문이었다.

> 오월이었다. 온 천지가 황진黃塵이었다. 그야말로 누우런 먼지였다. 먼지는 아무 데라도 사정없이 뚫고 들어왔다.……'먼지 많은 거리에 있으면서 그 먼지에 물들지 않은 것이 진정 깨달은 사람이다.'라는 뜻의 말이 '채근담'에 있는 듯하다.
> － 〈먼지 인생〉 일부

위의 글은 해방되기 전, 선생이 만주 심양에 갔을 때 엄청난 황사를 만나고 쓴 글이다. 처음에는 〈이 풍진 세상〉이란 제목으로 발표했다가 ≪회귀回歸≫에서는 〈먼지 인생〉으로 제목을 바꾸었다. 당시로선 우리나라에서 경험할 수 없는 황진만장黃塵萬丈을 목도한 선생이 "중국이란 희한한 일도 다 있다."고 소개했듯이, 40년대의 독자에게도 황사 풍경은 놀라운 일이었을 게다. 이외에도 '먼지'를 소재로 한 글은 〈인생은 먼지처럼〉, 〈역사의 먼지〉 등이 있다.

시인이자 수필가 유병근 선생은, 수필 〈먼지가 책이다〉에서 "김병규의 〈역사의 먼지〉는 먼지를 보는 나에게 뜻밖의 위안이 된다.……예리한 지성은 여느 사람들이 놓치고 가는 먼지에서 역사의 부피와 무게와 아름다움을 찾아낸다. 그런 투시력은 먼지처럼 작고 약한 인간에게 한없는 위안이 된다. 먼지가 날고 있는 내 방 안이 운이 좋아 먼지의 아름다움으로 둔갑되리라는 터무니없는 생각도 문득 하게 된다."고 술회했다.

그 외에도 현석 선생의 흔적이 담긴 ≪부산문학≫(1978)에 실린 〈고향길〉, ≪부산문예≫ 제3집에 수록된 〈文化와 文學의 에스키스〉라는 글은 지금도 내 서재에서 문향文香을 피워내고 있다.

3. 글과 사람

프랑스 철학자 뷔퐁이 "글은 곧 사람이다."라고 했듯이, 작가는 글로써 자신을 드러내고 독자는 글로써 작가를 만나게 된다. 선생의 글을 읽고 있노라면 뷔퐁의 말이 저절로 연상되어지며, 선생의 인품은 그저 앉아만 있어도 빛난다는 것을 알 수 있다.

> 가만히 앉아 뜬구름을 바라보면서 빈 마음이 되어야 할 것이다. '가만히 앉는 것을 가르쳐 주소서'의 간절한 소원은 이런 모습이어야 할 것이다. 여태까지 나는 얼마나 잡된 것으로 나의 마음을 흐리게 했던 것일까.⋯⋯이런 것 가운데서 조용히 앉는 것을 배워야 한다.
> — 〈가만히 앉는 것을 배운다〉 일부

'말 없음'은 본디 선생의 성품이 그러한 연유도 있겠지만, 그 까닭은 〈나는 입을 다물었다〉에서 암시되고 있다. "산은 만고에 침묵만 지키고" 있으며 "강물은 물굽이 치는 일도 없이 팽팽히 흐르고 있을 뿐"이기 때문이다. 인간이 산과 강을 지켜보면서 입을 다물 수밖에 없는 일은 너무도 타당한 일이라고 하겠다.

> 스타니슬라프스키가 쓴 〈배우 수업〉에도 "아무것도 하지 않는 것이 제일 어렵다."는 말이 나온다. 교사도 '다만 앉아 있기만 하는 것'이 훨씬 교육적일 것 같은 생각이 든다.……그냥 앉아 있는 것은 방심한 상태가 아니라 실은 마음속에는 수렴이 잘 이루어지고 있는 것이다.
> — 〈그저 앉아 있다는 것〉 일부

원로 수필가 황정환 선생의 증언을 빌리자면 1985년도에 창간된 '목필' 동인회에서 몇 년간 함께 활동했다고 한다. "매달 모임 시 선생은 묵묵히 앉아만 계셨다. 그래도 인품이 빛났다. 우리가 떠들다가도 그분을 보고 입을 슬며시 다물었다. 참으로 존경스러웠고 수필계에 큰 영향을 준 분이다."라고 회고했다.

김병규 선생은 여러 가지로 엉뚱한 데가 있다. 앓아눕는다는 데 대하여 달콤한 애상과 매력을 느끼기도 하며(〈養病論〉), 달을 보기 위해 새벽 네 시에 산을 오르거나(〈등불〉), 연구실에 우연히 날아온 박새를 가두어놓고 며칠간 함께 생활(?)하기도 한다(〈박새 일기〉). 어떤 때는 길을 걷다가 무작정 높은 산을 미친 듯이 치닫기도 하며(〈山寂寂 人寂寂〉), 고색창연한 유럽 도시를 보고 온 뒤의 유럽 먼지를 덜어내고자 뻔질나게 경주를 오르내린다(〈역사의 먼지〉).

  그러한 구절들은 깨어 있을 때의 행동언어에 속한다. 퇴행적 취향이 아니라, 구태의연한 신변에서 탈출하고, 깨어있는 삶을 느끼고자 심경과 체험으로 대결하는 행동이 아닐까. 선생이 강조한 "단순한 문인화文人畵 같은 수필에 우리는 만족할 수 없다. 수필도 끝까지 가 보는 노력이 필요할 것이다."라는 말을 가슴에 새겨볼 때이다.

  현석 선생 글의 중심 소재는 자연과 시간과 도시이다. 그리고 구체적인 관심의 대상은 새, 달, 나비, 바람, 나무 같은 일견 사소하지만 소중한 자연의 일부와, 틈새, 무욕, 인생, 여유, 시선 같은 무형의 가치이다.

    바람은 계절도 날아다 주고 온유함도 혹독함도 슬픔도 기쁨도 또한 실어다 준다. 그리하여 인간은 바람 소리를 가만히 듣는다. 바람이 분다. 바람은 곧 사라진다. 인간도 사라진다. 그리하여 노래한다.
                                           – 〈바람이 분다〉 일부

선생은 평소 "수필은 곧 자연과의 친화력이다."라는 말을 강조하였다. "숲이 신이라고 여겨졌던 시대에는 그것을 벌채하는 일" 따위는 없었고, "그땐 흙도 물도 얌전"했으나 인간의 손이 자연을 파괴하는 것을 안타까이 여겼으리라. 사람이 만든 도시문명이 오히려 사람을 축출하는 현실을 사색적인 문체로 지적하고자 했던 것이다.

　문학비 아래로 흐르는 청아한 계곡물 소리에 정신이 든다. 백년도 넘어 보이는 벚나무 한 그루가 유독 눈에 들어온다. 마치 현석 선생의 문학비와 삶을 같이해온 듯 몸체마저 흙빛이다. 오랜 풍상에도 계절을 잊지 않고 벚꽃잎을 피워 올렸다. 한 무리 등산객이 문학비를 무심히 지나 인근의 편백 씨앗을 줍느라 바쁘다. 선생이 뿌린 문학의 씨앗도 함께 거두어갈 수 있을까.

▲ 흙빛의 벚나무 몸체

　벚꽃잎이 바람에 떨어져 사방으로 흩어진다. 그러고 보니 현석 선생은 이렇게 바람 부는 길목을 항상 그리워하지 않았는가. 선생이 문학비에서 맞이하는 열 번째 봄날의 햇볕이 따뜻한 듯하면서 쌉쌀하다.

　고요히 앉은 자연석 위로 "글은 바람이어라." 하셨던 낮은 음성이 울리는 듯하다.

제5부

김정화 작품론

은유와 직유의 이미지 | **김상태**
수필속의 변신, 변신으로서 수필 | **박양근**
수필의 은유 구조 | **신재기**
사물인식 과정의 수필 | **유한근**
원초적 본능에의 회귀 | **최원현**
존재의 각성, 일상으로부터의 비상 | **한상렬**

은유와 직유의 이미지
– 〈장미, 타다〉 그리고 〈바람의 현〉

김상태
문학평론가, 전 이화여자대학교 교수

김정화의 〈장미, 타다〉는 기억상실증에 걸려 병원 신세를 지고 있는 이복형제를 만나러 가서 지난날을 회상하는 이야기다. 이 작품이 특별히 강하게 부각되는 이유는 은유와 직유로 이미지를 살려내고 있기 때문이다.

노인요양병원은 도심 속의 섬이다. 그곳에 살고 있는 환자들은 섬 위로 떠밀려온 낡은 배처럼 움직일 줄 모른다. 조는 듯 가물대는 신세가 어쩔 수 없어 차라리 닻을 내리고 송판 하나까지 모두 거두고 싶지만 생각할 기력조차 남아있지 않다. 그들을 지켜보고 있노라면 사는 건 주어진 시간을 송두리째 태우는 것이라는 말이 떠오른다.

형제라고는 하지만 남보다 더 무관하게 지내거나 어쩌면 원수처럼 미워하면서 지낼 수도 있는 사이일 수 있다. 이렇게 장미 담배를 사들고 찾아가는 내력은 어렸을 때 멀리 살면서도 자기를 찾아와 살갑게 대해주던 추억이 있기 때문이다. 특별히 '장미' 담배를 사들고 가는 것은 그 추억과 관련이 있다.

그 후 몇 번 더 그의 아버지가 계시는 우리 집을 찾아왔다. 그는 올 때마다 조그만 선물을 건넸지만 기억나는 건 처음 만난 날의 개울물 소리와 장미 향기와 따스한 손길뿐이다. …… 필터만 남은 장미 한 개비를 쥔 그를 바라본다. 처음 만났을 때 환하게 웃음 지어주던 표정은 그대로이건만 사십 년 세월은 흔적도 없이 타버렸다. 마주한 깊은 동공에서 그날의 내 모습이 흔들리고 있다.

'장미 향기'라는 그 이미지만으로도 따스한 정을 충분히 느낄 수 있다. "필터만 남은 장미 한 개비를 쥔 그를 바라본다. 처음 만났을 때 환하게 웃음 지어주던 표정은 그대로이건만 사십 년 세월은 흔적도 없이 타버렸다."라고 한 표현은 어느새 흘러가버린 세월의 무상을 절감하게 한다. 그를 통해서 또한 나의 세월의 무상함을 뒤돌아보고 있는 것이다.

 김정화의 〈바람의 현〉은 철저히 아날로그적 관점에서 세상을 보고 있는 작품이다. 월연정 백송을 섬세하게 관찰하면서 그것을 스치고 지나가는 바람의 소리를 여러 가지 의미로 듣고 있다. 나무도 인연을 만든다고 하면서, "관음송에 귀 기울이면 단종의 애련이 오백 년을 거슬러 들려오고, 추사백송에 다가서면 김정희 선생의 묵향을 맡을 수 있게 된다."는 것이다. 그렇다면 "월연정 백송은 누구와의 인연을 잊지 못해 잔가지를 흔들어 애잔한 바람 소리를 내고 있을까." 하고 묻는다. "정자의 모퉁이에 숨어 있는 백송은 몰락한 가문을 지켜 온 정절녀랄까. 텅 빈 정자를 지키는 그 몸새가 차라리 서릿발이다."라고 단정 짓는다.
 "나무는 바람의 현"이라고 필자는 생각한다.

 봄 살 속으로 파고드는 소소리 바람은 매향을 실어 오고, 첫가을의 골짜기를 따라 이는 서늘바람에는 산구절초 흔들리는 서러움이 담겨있다. 그렇다면 백송은 바람무덤 속에 서 있는 여윈 미라라 하겠다. 바람무덤 속에서 백골송白骨松으로 지금껏 버티는 이유는 그리움을 사리마냥 보듬고 있어서다.

백골송이라는 말에 이르자 자연사 박물관에서 본 학봉 장군으로 명명된 미라가 문득 생각난 모양이다. 미라라면 징그럽게 생각하는 것이 보통인데 작자는 애정을 가지고 보고 있다. 수유로 지나가는 인간 세상을 생각해서일 것이다.

　　　잔월이 월연정 돌담 사이로 떠오른다. 달빛이 머무는 연못가에 지어 월연정이라 불리는가 보다. 백송의 야윈 가지가 바람에 흔들리면서 그믐 여린 달이 가지 위에 흰 꽃으로 얹힌다. 은어빛 가지에서 달꽃 터지는 소리가 난다. …… 백화송 가지에 찰나의 순간 동안 바람이 얹힌다. 가만히 지켜보면 가지는 우는 것이 아니라 전율로 몸을 떤다. 연주자가 거문고의 현을 켜듯 바람이 가지를 켜는 것이다.

　백골송을 "연주자가 거문고의 현을 켜듯 바람이 가지를 켜는" 것으로 보고 있다. 백송에 달이 흰 꽃을 얹은 것 같다고 해서 다시 백화송이라고 부르고, "가끔은 백화송 곁에서 꿈꾸는 미라가 되고 싶다."고 끝을 맺고 있다.
　이 작품에서 독자에게 전달되는 정보는 작자의 느낌에 부수되어 있다. 그래서 필자는 아날로그적 발상으로 이 작품을 쓰고 있다고 말하고 싶은 것이다. 작품을 쓰고 있는 작가의 언어적 감각이 바이

올린의 현처럼 섬세한 음감을 갖고 있다는 생각이 든다. 한 편의 장시를 읽는 느낌이다.

- 월간 ≪수필과비평≫ '작품평' 중에서

수필속의 변신, 변신으로서 수필
― 〈하얀 낙타〉의 길

박양근
문학평론가, 부경대학교 교수

    수필은 본질적으로 개인에서 작가로의 변신을 추구한다. 그것은 시나 소설과 달리 체험과 언어라는 매체를 빌리기 때문으로서 개인성이 미적 질량으로 전환하는 정도에 따라 수필의 수준이 정해진다. 일상적 자아가 미적 자아로 변화하는 과정이 수필이라는 점에서 더욱 그러하다. 수필이 평면적인 사건이나 상황을 서술할지라도 작가의 심리가 치밀하게 서사구조에 담겨야 한다는 조건을 의미한다.

    문학에서 보면 모든 사물은 원형을 본뜨게 된다. 작가가 영원성이라는 개념을 만들어 본디의 원형을 동경할수록 언어에 방해를 받는다. 언어가 동일 사물에 대하여 다양한 가능성을 열어줄지라도 완벽한 매체가 아니라는 뜻이다. 그래서 언어의 의미망으로 엮어지는 수필은 절반은 체험으로, 나머지 절반은 상상력으로 채워지게 된다. 이것이 상징이고 보르헤스가 말한 기호이다. 김정화 수필가는 이러한 의미망을 구축하기 위해 사물을 탐구하고 실험성을 부단하게 추구해 나간다.

김정화의 제2수필집의 대표작 〈하얀 낙타〉는 김정화의 언어적 탐구와 상상력을 대변하고 있다.
낙타는 사막에 사는 포유동물이다. 유목민들에게 가장 소중한 재산으로 사막의 상징이라는 상식을 김정화는 거부한다. 그가 지켜보는 낙타는 희고, 짐을 실지 않으며, 홀로 사막을 거닌다. 그에게 차강티메라는 하얀 낙타는 사막의 순례자이고 구도자이다. 몽골 모래바다 가운데서 혼자 걸어가는 하얀 낙타를 발견한 작가는 당연히 일상적인 소재주의를 거부하게 된다. 나아가 문명사회에서 시달리는 자아를 돌아보면서 숭엄하리만큼 고고한 낙타에 초자아를 대입하는 것이다.

저만치 모래바람 속에 그림자 하나가 흔들린다. 하얀 쌍봉낙타다. 흰 갈기를 펄럭이며 그가 초연히 사막을 걷고 있다. 서두르지도 늑장을 부리지도 않은 채 뚜벅뚜벅 맨발로 걸어간다. 하얀 낙타 한 마리가 낸 사막 길이 붉은 지평선을 향해 뻗어 있다. 모래땅에 찍힌 낙타의 굽은 발자국이 낙관인 양 뚜렷하다.

낙타와 동일시하고 싶은 동화同化심리는 낙타를 원근법으로 등장시킨다. "하얀 쌍봉낙타 한 마리가 흰 갈기를 펄럭이며 초연히 사막을 걷고 있다"는 묘사가 "모래땅에 찍힌 낙타의 맨 발자국"으로 이어질 때, 흰 갈기와 초연한 걸음은 작가의 세속적인 발자국과 대비되면서 김정화가 추구하는 이상적 자아를 구현한다. "초연한 걸음"은 외롭고 무관심한 세상을 당당하게 살아가겠다는 욕망을 형상화해준다. 작가의 하얀 낙타는 성스러운 대상감으로서 부족함이 없다. "흰 암탉, 흰 들소, 흰 올빼미, 흰 코끼리"를 낙타에 병치시키는 이유도 초연한 자아로의 변신에 신성함을 부여하기 위해서다.

차강티메는 평생 혼자 살아간다. 사막을 떠돌며 운명의 길을 묵묵히 걷는다. 혹한의 밤과 폭염의 낮을 견디고 광야의 눈비를 스스로 버텨내야만 한다. 고비의 고독을 온몸으로 받아들이는 것이다. 그러한 삶을 이겨낸 차강티메의 눈빛은 결기가 드러나고 몸체는 위엄이 서리며 발걸음은 더욱 굳건해진다.

차강티메는 누구에게도 속하지 않은 영원한 자유를 상징한다. 인간에게 속하지 않는 무소유의 고독과 자유는 외톨배기라는 수동성이 아니므로 더욱 강렬한 에너지를 발산할 수 있다. "혹한과 폭염을 견뎌내는 사막과 낙타"를 "들판에서 독야청청하는" 고독의 존재로 바라보는 작가는 하얀 낙타 같은 사람만이 실존적 상황을 극복할 수 있다고 말한다. 작가는 "홀로 들판과 황야에서 견디기가 더욱 어려운 일"임을 알고 예술가들에게는 더더욱 필요한 조건임을 인정한다. 그러나 김정화는 예술가의 고독보다는 모든 인간은 사막 같은 세상에서 홀로 살 수밖에 없다는 현실을 강조한다. 세상 사람은 결국 혼자 살아가야 한다. 이것이 실존이 짐져야 하는 숭고한 걸음이고 차강티메가 은유하는 것이다.

김정화의 〈하얀 낙타〉는 양성의 조화와 실존성에 대한 욕망을 자연물에 일치시키며 변신이라는 자아완성을 이루기 위해 인내와 고독을 에너지로 삼고 있다. 그 점에서 견인주의자 차강티메는 김정화에게 영적세계로 입문하는 하얀 낙타라 하여도 지나치지 않다.

- 월간 ≪예술부산≫ '문학 들여다보기' 중에서

수필의 은유 구조
– 〈끈〉의 관계 맺기

신재기
문학평론가, 경일대학교 교수

　김정화의 〈끈〉에서는 은유 체계가 이중으로 작동한다. 일차적으로 작동되는 은유는 '끈'과 관련된 세 가지의 이야기다. 작가는 세 이야기를 병렬로 구성하면서 서로 분명한 경계를 드러내기 위해 처음부터 중간 제목을 붙이고 있다. '이야기 하나, 둘, 셋'이 그것이다. 세 가지 이야기는 모두 은유 구조로 구성되어 있다. 이 단계에서 각 이야기가 공통으로 말하는 '끈'은 원관념이고, 작가가 제시하는 구체적인 일화는 보조관념이다. 다음 단계에서 '끈'은 보조 관념이고, 보조 관념 '끈'에 대응하는 원관념이 이 작품의 주제인데 드러나지 않고 숨어 있다. 다시 말해, 일차 은유 체계에서는 보조관념에 대응하는 원관념이 작품에 겉으로 드러나지만, 이차 단계에서 보조관념 '끈'에 대응하는 원관념은 제시되지 않는다. 원관념이 함축되어 있는 만큼 독자의 역할은 증대하고, 주제의 여운은 지속한다.

첫째 이야기는 수필가 허천과 오영재 화백에 관한 일화다. 그림 그리는 화가와 글 쓰는 작가가 좁은 공간에서 온종일 별말도 없이 함께 지낸다. 주위에서는 두 사람의 이러한 생활이 아주 불편할 것으로 생각했으나 당사자 둘은 그리 편할 수가 없었다고 전한다. 이를 두고 작가는 이렇게 말한다.

> 사람의 관계도 예외가 아니다. 함께 있어 어색하고 신경 쓰인다면 상대를 받아들이지 못한 경우이고, 옆에 있어도 불편하지 않다면 상대를 품었기 때문이다. 눈에 보인다는 것은 나와 대상이 맺어지지 않은 결과이다. 마음의 끈으로 완전히 보듬어 안을 때 비로소 눈앞에 보이지 않는다. 묶어야 할 끈이다.

서로가 상대를 완전하게 품었을 때는 두 사람을 묶은 끈은 드러나지 않는다. 드러나지 않는다는 것은 서로 관계를 맺고 있으나 그 관계로 말미암은 불편이 전혀 없다는 말이다. 관계를 맺고 있다는 자체까지도 의식하지 못할 정도로 완벽한 합치를 이루었다는 말이다. 마치 천의무봉天依無縫에서 바느질 자국이 없는 것과 같다. 두 사람이 하나인 것처럼 보인다. '나'를 버리고 그 자리에 '너'를 채울 때 이룰 수 있는 완전한 인간관계를 뜻한다는 것은 쉽게 이해할 수 있다. 이러한 끈은 당연히 "묶어야 할 끈"이다. 묶어야 할 끈, 즉 '완전한 인간관계'가 바로 이 이야기의 원관념이다.

둘째는 불가에 전해 오는 어느 노승과 행자의 이야기다. 장작을 패던 노승이 옆에서 장작을 쌓는 행자에게 뒤꼍에 가서 장작을 가져오라했다. 행자는 빈손으로 돌아왔는데, 노승은 장작을 내려놓으라 했다. 행자는 장작이 없다고 하니, 노승은 내려놓든지 무겁게 들고 있든지 마음대로 하라고 말했다. 물론 노승이 내려놓으라고 한 것은 장작이 아니라 세속과 맺은 인연, 즉 마음의 끈을 버리라는 말이었을 것이다. 이 같은 일화에 덧붙여 작가는 동남아 여행길에서 손을 흔들며 환하게 웃던 아이들을 보면서도 "현실의 끈 중 하나인 손해 본 보험 불입금"을 떠올린 자신을 되돌아본다. 세속에 결속된 끈을 놓지 않고는 불자의 길을 걸을 수 없을 것이고, 여행의 즐거움과 자유를 만끽하려면 현실적인 손익에 대한 생각은 비워야 한다는 뜻이다. 두 번째 이야기에서 '끈'은 첫 번째와는 반대로 끊어야 할 끈이다.

세 번째는 한 아이가 부자의 창고에서 시계를 찾아 큰 용돈을 손에 쥐게 되었다는 일화다. 많은 아이가 낮에 창고에서 시계를 찾으려고 했으나 실패했다. 실패한 아이들은 눈으로만 시계를 찾으려고 했다. 그런데 시계를 찾은 아이는 시계가 돌아가는 소리를 듣고 그것을 찾기 위해 소음이 나지 않는 밤까지 인내심을 가지고 기다린다. 꼭 찾아야 할 것이 소음으로 묻힐 수 있다. 일체 소음이 없는 지경에 이르러 시곗바늘 소리를 듣고 시계를 찾은 것과 마찬가지로 마음 깊숙이 있는 내면의 진정한 자기를 만나기 위해서는 불필요한 소리를 지워냈을 때 가능하다는 것이다. 그리고 ≪그리스인 조르바≫를 읽은 후 교수 자리를 미련 없이 던져버린 김정운 교수의 이야기를 덧붙인다. 자유의 끈을 얻으려고 달콤한 것을 버렸다는 것이다. 이는 끈을 묶거나 끊는 것이 아니라, 한쪽 끈을 버리고 다른 끈을 선택하는 일이다.

  이처럼 이 작품을 구성하는 세 이야기는 보조관념의 역할을 하면서 각자 상이한 원관념으로서 '끈'을 말하고자 한다. 그리고 각 이야기는 하나의 중심 화소에 보조 역할을 하는 화소를 덧붙임으로써 비유의 구조를 더욱 견고하게 축성하여 원관념의 의미를 뚜렷하게 부각한다. 묶어야 할 끈, 끊어야 할 끈, 가려서 선택해야 할 끈이 그것이다. 여기서 '끈'은 다음 단계로 넘어가기 전까지는 원관념이지만, 다음 단계에서는 보조관념으로 작동한다.

  그렇다면 다음 단계에서 최종적인 '끈'은 원관념을 무엇인가? 끈은 아주 함축적인 의미를 내포한다. 둘 사이를 연결해 주는 것이

'끈'이 아닌가? 우리 삶에서 둘을 연결해 주는 끈은 다각도에서 생각해 볼 수 있다. 누구나 이 세상에서 다양한 관계를 맺고 살아간다. 관계 맺기의 대상은 사람, 일, 욕망, 이념 등 여러 가지일 것이다. 어떤 식으로든 이러한 것과 관계를 맺지 않고는 살아갈 수 없다. 삶의 모양이나 의미는 관계에 의해 규정될 수밖에 없다. 어떻게 사느냐의 문제는 결국 어떻게 관계 맺느냐의 문제와 다르지 않을 것이다. 무수한 관계를 맺고 끊으면서 살아가는 것이 인생이다. 작가는 인간 삶의 이 같은 관계를 이야기한다. 관계를 어떻게 맺고, 끊고, 선택할 것인가에 따라 삶의 방향과 가치가 달라질 수 있음을 말하려고 한다. 이 작품은 원관념이면서 보조관념인 '끈'이라는 이중적 은유 체계를 통해 삶의 의미를 결정하는 다양한 관계에 관한 성찰이라 할 수 있다.

― 신재기 수필비평집 ≪수필의 형식과 미학≫ 중에서

사물인식 과정의 수필
– '보여주기'와 '말하기' 방식 〈바람을 먹는 돌〉

유한근
문학평론가, 디지털서울문화예술대학교 교수

　언어를 매체로 하는 문학에 있어서 언어에 대한 작가 나름의 인식은 그 작가의 문학 지평과도 큰 관계를 가질 수밖에 없다. 작가의 사고와 느낌을 언어로 표현하기 때문에 그 글의 색깔과 뜻이 전달되기 때문이다. 마찬가지로 사물에 대한 인식은 창작의 대상이 되는 이른바 제재에 대한 인식인 만큼 그 글의 깊이와 넓이를 결정하는 중요한 지표가 된다. 작가와 창작 대상인 그 사물과의 거리, 그 사물의 본체 파악의 과정이 작품 속에서 그대로 드러나기 때문이다. 그 과정은 곧 그 작품의 구성이 되며, 표현구조라는 스케일이나 방법론이 되기 때문이다.

'보여주기'는 문장의 4가지 기술 양식에 대입하면 묘사에 해당된다. 그리고 '말하기'는 논증과 설명 그리고 서사에 해당된다. 많은 수필은 '말하기'의 방식인 서사를 차용하여 메시지를 전하는 방식을 취하고 있는 것을 우리는 익히 알고 있다. 사물에 대한 감각적인 인식은 '보여주기'를 통해 그리고 철학적 혹은 관념적 인식은 '말하기' 방식을 취하는 것이 일반적이다. 이 방식들을 어떻게 적절하게 사용할 것인가? 그리고 이들을 실어 나르는 문맥의 빠름과 느림이라는 속도 조절이 독자의 감동과 얼마나 깊은 관계를 갖는가 하는 문제는 디테일하지만 작가들에게는 중요한 문제일 것이다. 이 점을 좀 더 탐색해보기 위해 김정화의 〈바람을 먹는 돌〉을 보자.

    여기는 어디인가. 나는 이 석상들을 만나고자 무던히도 많은 돌을 지나왔다. 조심스레 그들 곁에 다가선다. 서 있는 돌이 인간과 닮았다. 인디언처럼 단단한 어깨와 구도자의 평온한 등이 보인다. 묵묵히 눈을 감고 있거나 먼 하늘을 올려다보는 누석磊도 있다 여유롭고 신비로운 얼굴이다. 각각의 표정과 몸짓이 다르고 햇살 따라 낯빛이 변하기도 한다. 강물을 닮은 눈매와 노을빛 미소가 지그시 나를 내려다본다. 움푹 들어간 눈자위에 빗물 고인 석상은 눈물을 담은 듯 슬퍼 보이고 하얀 돌단풍을 피워 올린 머릿돌 의관을 갖춘 신관마냥 굳고 위엄이 넘친다.

그들은 오직 바람만 먹고 산다. 바람을 막는 돌은 매끄러운 살결처럼 반들거리지만 바람을 먹는 돌은 곰보딱지같이 뻐끔뻐끔 구멍이 뚫렸다.…… 석상이 긴 잠을 자고 있다. 아니, 명상 중이다. 이스터 섬의 모아이상 같기도 하고 스톤헨지의 거석이 떠오르기도 한다. 생로병사를 뛰어넘고 희비애락을 건너뛰는 곳. 남녀노소가 있지만 더 이상 늙지 않는 곳. 이곳에 오면 버린 돌도 굄돌이 되고 구르는 돌도 제자리를 찾는다.

사람도 혼탁한 마음을 다독이면 물아일체가 될 수 있을 것만 같다. 깝신거리고 나부대는 인간들의 소리를 듣고도 못 들은 척 움쩍 않는 돌. 사람이 잠잠하면 돌들이 입을 열까.

김정화의 〈바람을 먹는 돌〉은 화산으로 인해 생긴 제주의 돌을 인식의 대상으로 하여 쓴 수필이다. 제주 돌문화공원이나 제주의 집 담에서 흔히 볼 수 있는 화산석에 대한 설명을 하기 위한 수필이 아니라, 작가 나름대로 제주의 돌을 인식하여 그 과정을 말하기 방식으로 쓰고 있다. 그러나 전체적인 흐름은 말하기 방식이지만 '바람을 먹는 돌'이라 인식한 제주 돌에 대한 인식은 디테일한 감각적인 관찰을 통해서만 가능해진다.

위의 인용문을 보면 관찰을 통해서 인식된 돌에 대한 감각적 표현을 쉽게 찾을 수 있다. '인간과 닮은 서 있는 돌' '인디언처럼 단단한 어깨와 구도자의 평온한 등' '묵묵히 눈을 감고 있거나 먼 하늘을 올려다보는 노석老石' 그 '노석의 여유롭고 신비로운 얼굴' '햇살 따라 낯빛이 변하는 각각의 표정과 몸짓' 등 앞부분부터 쉽게 찾아진다. 돌에 대한 관찰의 결과를 '보여주기' 방식으로 문장을 구사하고 있다. 그리고 문맥의 대체적인 흐름은 '말하기' 방식을 차용한다.

  이를 통해 작가는 제주 화산석의 감각적인 인식을 통해서 "혼탁한 마음을 다독이면 물아일체"의 경지를, 혹은 "인간들의 소리를 듣고도 못들은 척 움쩍 않는 돌"을 통해서 돌의 이야기를 듣고 싶어 한다. 침묵의 말, 언어 이전의 언어를 듣기 원한다. 현실을 초극해야 얻을 수 있는 진실의 언어를 듣고 싶어 한다. 우주의 본체, 사물의 본체, 인간사의 본질적인 언어를 듣고 싶어 한다. 바람만 먹고 사는 돌로부터 이 세상사의 모든 일들을 꿰뚫어 볼 수 있는 지혜의 말, 본질적인 진실의 언어를 탐색하고 싶어 한다. 명상을 통해서 혹은 돌이라는 사물의 인식 과정을 통해서 문학이 해낼 수 있는 그 핵을 탐색하려 한다. 큰 욕심이지만 수필이 해낼 수 있는 영역임을 이 수필은 환기해 준다.

- 월간 ≪수필과비평≫ '작품평' 중에서

원초적 본능에의 회귀
- 귀향의 힘 〈겨울 소리〉

최원현
문학평론가, 한국수필창작문예원장

생명체에 있어서 원초적 본능은 생존일 것이다. 그런데 인간에게는 그런 원초적 본능에 어머니와 고향에 대한 회귀가 가세된다. 그것은 궁극적으로 근원에 대한 그리움이요 회귀이다. 그 회귀는 진정한 자유로움이 무엇인가로 귀착되면서 날줄과 씨줄을 교착하는 삶의 모습으로 나타난다. 김정화에게 고향은 비상의 목적지, 찾아가는 곳으로 동의어를 형성한다.

인간은 새처럼 날지 못한다. 그러면서도 늘 비상을 꿈꾼다. 그 꿈이 비행기를 만들어 냈다. 그러나 새가 나는 것과 기계에 의지하여 높은 곳에 이르는 것과는 다르다. 거기에 자유로움에 대한 의식의 차이가 생긴다. 스스로 날아오르기는 자유로움이다. 김정화는 사람의 욕망을 자유로움의 추구로 보았다. 그렇다면 언제부터 인간은 자유롭지 못한 존재가 되었을까. 원죄原罪를 벗어버릴 수 없는 인간은 자유로움에 대한 갈망도 벗어버릴 수 없음일까.

새들의 비상을 보기 위해 김정화는 우포늪으로 향한다. 그에게 우포늪은 자유로움을 추구하는 동기요 과정이며 방향성이다. 우포늪은 새들에겐 원초적 고향 같은 곳이다. 그곳은 1억년의 숨결이 살아있는 곳이다. 수생식물의 숨소리, 쪽지벌 고니의 외침, 기러기 소리, 그런 소리는 곧 생명의 소리로 닫혀있던 인간의 마음에도 시원스런 회오리바람이 일게 한다. "새들은 가벼운 깃털의 흔들림만으로 하늘을 온통 차지했으니 어찌 물질로 행복을 저울질할 수 있을까. 어떤 것에도 얽매이지 않는 새들의 비상이 부럽기만 하다."

그는 화두를 얻는다. 가벼움-비상-자유로움-행복, 얽매임이 없다는 것은 소유와 행복에서 자유로워짐이다. 그래서 그는 행복이 모습을 나름대로 구체화시킨다.

하늘에 빗금이 그려진다. 수리새 한 마리가 태양을 향해 솟아오른다. 바람에 커다란 날개를 내맡긴 채 가끔씩 물결치는 몸짓은, 인간이 아무리 많이 가져도 자신보다 행복하지 않음을 보여주는 듯하다.

많이 가져야만 행복하다고 생각하는 인간, 바람에 날개를 내맡긴 채 태양을 향해 솟아오름을 보여주며 비상 곧 자유함이야말로 행복이라고 말하고 있다. 그러나 그 비상은 이카로스의 욕망처럼 위험한 도전이 아녀야 하는 것이다. 하늘로 날아오르고 싶은 소망이되 갖는 것에서 행복을 느낀다고 하는 인간의 한계성이 의식적인 작가의 시각이다. 그래서 김정화의 눈은 크고 밝다. 수리새가 태양을 향해 솟아오름에서 "하늘에 빗금이 그려"지는 것을 본다. 뿐만 아니라 "새들이 가벼운 깃털의 흔들림만으로 하늘을 온통 차지"하는 것도 본다.

하지만 그는 현실에서 비상도 자유함도 얻을 자신이 없다. 그래서 그는 아주 옛날로 돌아가길 원한다. 원시시대까지, 그것을 그는 탐조라 했다. 그리고 그 탐조에서 비로소 귀향의 힘을 본다. 곧 귀향을 준비하는 모습이다. 그는 고니가 외발 곧추 선 자세로 생명의 기운을 받아내고 있는 것이 고니가 고향을 찾아갈 힘을 키우고 있는 것이라고 본다.

그는 우포늪에서 새들의 삶을 본다. "저 멀리 쪽지벌에서 '훗호 훗호' 하는 고니의 외침이 울려오면 기러기 떼는 '과우우우' 답하며 깃털을 털기 시작한다." 그런 "박자 없이 소리치는 새들의 울음소리가 승전보를 안고 오는 군사들의 함성을 닮았다." 승전보, 그렇다. 승전보를 안고 오는 군사들의 함성 같은 이김, 그런 이김을 통한 자유로움을 그는 바랐던 것이다. 김정화는 박자도 없는 새들의 소리로 자신의 속 깊은 곳을 품어낸다. 그 과정에서 작가는 '닫힌 마음에서 모처럼 시원스레 회오리 바람이 이'는 것을 경험한다.

김정화는 새들을 만나면 행복하다고 했다. 새는 김정화의 내면에 살고 있는 또 하나의 김정화요, 그 내면의 김정화는 외면의 김정화를 대신하여 밖으로 보이지 않게 울기도 하고 갈망하기도 하고 아파하기도 한다. 사람들은 외면상의 김정화만 보고 김정화 또한 외면적으로는 그런 김정화로 살면서도 내면의 또 하나 그를 의식해야 했고, 그 내면에선 늘 채워지지 않는 그 무언가로 목말라하고 그런 자신이 미안하기도 했던 것이다. 자유로움이란 결국 고향으로의 회귀요, 고향은 생명의 기운을 주는 곳이다. 작가는 그 소망을 자기를 대신한 새의 비상에 둔다. 김정화에게 비상은 인간이 흉내 낼 수 없는 가장 성스러운 행위다. 아니 김정화가 가장 해보고 싶은 소망이다.

얼마 후면 저 새들도 귀향할 게고 새 울음으로 충만한 저곳은 한동안 정적의 늪으로 남을 게다. …… 늪은 매년 침묵으로 새들을 기다린다. 불현듯 내 고향도 언제나 그곳에 자리매김하고 있다는 생각에 갑자기 발걸음이 급해진다.

 그렇다. 그에게 뻘흙은 글쓰기의 자양분이 가득한 고향 곧 원초적 감성의 요람이다. 인간은 날지 못하는 새다. 그러나 그는 새들이 우포늪의 뻘흙에서 귀향을 준비하듯 그 또한 고향을 통해 비상을 꿈꾼다. 김정화에게 '겨울소리'는 살아있음의 소리다. 침묵으로 기다리던 늪에 새들이 돌아온 소리다. 고향마을 굴뚝에서 뭉게뭉게 연기가 올라오는 훈기다. 또 다른 작품을 만들어 내겠다는 각오의 소리다. 곧 어머니의 소리다.
― 계간 ≪수필시대≫ '이 작가를 주목한다' 중에서

존재의 각성, 일상으로부터의 비상
- 새에 대한 명상 〈새에게는 길이 없다〉

한상렬
문학평론가, 《에세이포레》 발행인

김정화의 수필 속에는 '새'가 자주 등장한다. 〈겨울소리〉가 그러하고, 〈비飛〉, 〈새에게는 길이 없다〉가 그러하다.

새를 만나는 일은 글을 쓰는 것만큼 행복하다. 글을 쓰는 것만큼 새를 만나는 일도 행복하다. 그 까닭은 새의 몸짓이 내 문학의 심곡인 상념의 잔가지를 흔들어 깨우기 때문이다. …… 어릴 적에 사방이 논밭으로 둘러싸인 시골 외딴집에 살았다. 집 앞 개울의 갈대밭과 늪에는 무수한 종류의 새들이 찾아왔다. 얼룩무늬 비비새와 물닭

무리까지 계절을 잊지 않고 조용히 깃을 내리곤 했다. 사람에게 가히 위협적인 장대비가 쏟아지던 날 온몸으로 비를 맞으며 둥지 속 알을 지키던 어미 새를 아직도 잊지 못한다. 그 박힌 상像으로 지금도 간혹 빗속의 새를 만나면 발걸음을 쉽게 옮길 수 없다.

그와 새와의 만남은 일종의 행복 만들기다. 어느 날 한꺼번에 부모를 잃은 어린 남매에게는 온통 세상이 암흑이었을 것이다. 있다면 오직 절망밖에. 더 이상 그 곳에 머물 수가 없을 건 당연하다.
그렇게 등진 고향이다. 다시 찾게 된 것은 오로지 새 때문이다. "사람에게 가히 위협적인 장대비가 쏟아지던 날 온몸으로 비를 맞으며 둥지 속 알을 지키던 어미 새를 아직도 잊지 못한다." 그 어미 새는 바로 작가 자신이리라. 하지만 그때는 알 리 없다. 세월이 이를 깨닫게 해 주었다. 삶의 현장에서 벗어나기 위해 떠나온 고향. 그러나 그 고향은 화자의 원초적 생명의 본향本鄕이었다.

그 고향을 떠올리는 시점에 '새'가 있다. 온몸으로 비를 맞으며 둥지를 지키던 어미 새가 있는 곳은 바로 화자의 원초적 삶의 본향이다. 하지만 화자에게 고향은 언제나 외롭고 적막한 곳이다. 아니, 삶에 절망하던 공간이다. 하지만 그런 고향에 대한 애틋한 미련을 갖기 마련이다.

그의 고향 찾기는 빗속의 새와 만남이요. 어머니와의 만남이다.

원초적 생명과의 교감이요, 생명에 대한 자각이다. 화자의 고향 찾기야말로 행복 만들기일 것이다.

그런 화자에게 있어 새와의 만남은 글을 쓰는 일만큼 행복할 수밖에 없다. 마치 새가 몸짓을 하듯 화자는 상념의 잔가지를 흔들어 깨운다. 일상에 함몰된 자아의 각성이자 존재의 의미를 탐색하기 위한 몸짓일 것이다. 미조迷鳥, 그렇다. 고향을 잃은 자신을 그는 미조라 하였다. 우포늪은 그에게 있어 고향이 된다. 그런 그가 고향의 울림과 우포늪의 소리를 담기 위해 오늘도 글을 쓰고 있다.

김정화의 새는 존재의 의미를 추적하기 위한 대상이다. 새를 떠올리면 먼저 비상할 수 없는 새의 절망과 고독이 함께 묻어나온다. 한 작가의 인식의 원천은 절망과 고뇌, 없음에 대한 회한과 그리움, 이런 요소들이 한데 어울려 작품 창작의 샘이 된다. 그렇기에 그가 바라보는 '새'든, 나무나 돌도 내면의식 속에 침전되어 자양이 된 생명의 근원을 불러 세우기 위한 힘이 된다. 따라서 김정화의 '새'는 삶과 죽음 그리고 존재 의미의 추적追跡을 위한 화두이며, 마음의 귀를 열리게 하는 소망의 대상이다. 비록 비상할 수 없는 새의 절망과 고독을 초월할 수는 없을망정 그러하다고 어디 희망을 버릴 수야 있으랴. 그래 그에게는 소망이 있다.

새들의 소리를 들으면 마음의 귀가 열린다. 바다의 산책길에서 만나는 흰하늘새가 매일 아침마다 심상을 두드리는 소리를 들려주지만 나는 아직도 그것을 잘 듣지 못한다. 늘 설익기만 한 내 글은 고향의 울림과 새들의 소리가 절반도 담겨있지 않다.

새를 통해서 글의 눈이 떠지는 작가. 그런 새의 울림을 듣기 위해 미조迷鳥를 찾아나서는 작가. 그의 글쓰기는 새를 찾아나서는 길이 된다. 그 미망의 잠재의식 속에 장대비 속에 둥지를 지키던 어미새가 자리잡고 있다. 따라서 작가에게 있어 새는 삶의 동력을 찾기 위한 소망의 길이요, 그와의 만남은 영적 교감의 순간이 된다.

"가진 것 없으면서도 가벼우나 단단한 날개로 하늘을 가르는 힘찬 몸짓에는 인간이 흉내 낼 수 없는 성스러움이 담겨 있다."는 그의 언명과 같이 화자는 우포늪에서 비상하는 새들의 소리를 듣다가 문득 고향을 떠올린다. 그러나 그에게 이미 고향은 흰종이새와 같다. 단테의 생가에서 그가 목격했던 '잃어버린 새', '날아가 버린 새'이다. 이제 모든 건 확연해진다. 그가 왜 그토록 새에 대한 미망을 버리지 못하고 집착하는가를……. 바로 새를 통해 글을 쓰고, 마음의 울림을 듣기 위해서일 것이다.

김정화 수필의 언어는 대단히 미려하다. 언어의 조율이 뛰어나다. 언어의 마술사라면 어떠할까 싶을 만큼 그의 수필어는 정련되어 있다. 어느 한 행간이고 허투루 조합되지 않고 주제를 향해 통일, 일관되어 있다. 이미 농익어 더 이상 시간을 기다릴 수 없을 정도로 발효된 그의 수필어는 읽는 이의 성정에 가 닿아 그만의 목소리로 깊은 공명을 느끼게 한다. 새의 비상과도 같은 글쓰기. 그것이 바로 김정화가 새가 되는 시간일 것이다.

— 한상렬 문학평론집 ≪좋은수필, 그 외줄타기≫ 중에서